LE
DUC D'AUMALE

SA VIE & SON ŒUVRE

OUVRAGES DE LA MÊME SÉRIE

In-8º de 240 pages.

Le Général de Sonis, par Charles D'HALLENCOURT.

Christophe Colomb, par Charles D'HALLENCOURT.

Garcia Moreno, par Charles D'HALLENCOURT.

Le Maréchal Randon, par A. RASTOUL.

L'Amiral Courbet, par le Comte DE LIONVAL.

Le Général de La Moricière, par le Comte DE BERTHAUD.

Le Général de Miribel, par le Comte DE BERTHAUD.

Le Maréchal de Mac-Mahon, par A. DESLAURIERS.

La Vénérable Jeanne d'Arc, par l'Abbé L. BOUTHORS.

La Légion d'Antibes, par l'Abbé STAUB, ancien Aumônier militaire.

Le Maréchal Canrobert, par Charles D'HALLENCOURT.

L'Amiral du Petit-Thouars, par le Comte DE BERTHAUD.

Le Général Chanzy, par Jean LAUR.

Jean Chouan, par Michel DE R.

Jeanne Hachette, par G. VALLAT, Docteur-ès-lettres.

Le Commandant Marceau, par Jean LAUR.

Le Duc d'Aumale, par G. VALLAT, Docteur-ès-lettres.

Berryer, par Pierre LEMOYNE.

Montalembert, par l'Abbé L. BOUTHORS.

Pasteur, par Pierre LEMOYNE.

Sainte-Anne d'Auray, par l'Abbé MAX. NICOL.

Sainte Angèle, par l'Abbé L. BOUTHORS.

LE DUC
D'AUMALE

SA VIE & SON OEUVRE

PAR

Gustave VALLAT

Docteur ès-lettres

Officier d'Académie, Chevalier des Ordres royaux du Sauveur, du Lion et du Soleil

Membre de l'Académie de Mâcon

Lauréat de la Société nationale d'Encouragement au Bien

ABBEVILLE

C. PAILLART, IMPRIMEUR-ÉDITEUR

1898

AVANT-PROPOS

Vingt-sept ans se sont écoulés depuis l'année de la guerre avec la Prusse, l'année de nos revers sans précédents dans l'histoire, pour tout dire : *l'année terrible*, et depuis vingt-sept ans, pour ma part, je travaille de tout mon cœur, sans relâche comme sans défaillance, dans ma modeste sphère, au relèvement moral de la nation.

Puissé-je y contribuer par la publication de ce nouveau livre sur le *Duc d'Aumale*, qui se recommande à notre respect et à notre admiration par des qualités maîtresses de l'esprit et du cœur, plus encore par son profond et inaltérable amour pour la France.

Fils de roi, il tint, peut-être plus que tout autre, à montrer que la véritable noblesse consiste uniquement dans la vertu. Et la vertu, j'entends la force d'âme et la fidélité au devoir, il la posséda à son plus haut degré comme soldat, comme homme, comme chrétien.

En effet, le Duc d'Aumale fut non seulement une de nos gloires militaires les plus pures, mais aussi un de ces *grands cœurs* qui n'ont de passion que pour la vérité, la justice et le bien.

Je me plais donc à faire connaître à la jeunesse, qui m'est particulièrement chère, sa *Vie* d'un si bel exemple, et son *Œuvre* d'un caractère si noble, si français, si patriotique.

Le Duc d'Aumale

CHAPITRE PREMIER

La dernière Monarchie française.

Avant de raconter la vie et l'œuvre du Duc d'Aumale, un des descendants les plus estimés et les plus aimés de la dernière monarchie française, il me semble bon de jeter un rapide coup d'œil sur les évènements qui avaient amené cette monarchie et de considérer sommairement le règne et le caractère de son chef.

Les Bourbons, rétablis sur le trône de France par les Alliés, une première fois en 1814, une seconde en 1815, à la suite des désastres du premier Empire, n'avaient naturellement pour eux ni la bourgeoisie ni le peuple qui, d'un commun accord, avaient fait la Révolution de 1789. Certaines mesures impopulaires du ministère de Polignac précipitèrent leur chute.

Un prince de sang royal, jouissant d'une très grande popularité, était alors tout désigné pour recueillir l'héritage de Charles X : c'était Louis-Philippe, fils aîné de Louis-Philippe-Joseph, duc d'Orléans, et de Louise-Marie-Adélaïde de Bourbon, fille du duc de Penthièvre, princesse aussi vertueuse que pieuse. Il reçut, avec sa sœur Adélaïde et ses deux frères, de Madame de Genlis, que ce prince avait choisie, en raison de son talent pédagogique, pour *gouverneur* de ses enfants, une éducation simple, forte et pratique.

Colonel des dragons de Chartres à douze ans, lieutenant-général à dix-neuf, il adopta avec enthousiasme les principes de la Révolution. Il commanda la place de Valenciennes au début de la guerre de 1792. Volontaire à Quiévrain (1), il s'y fit remarquer par son courage et son sang-froid. Il contribua, sous Kellermann, à la victoire de Valmy sur les Prussiens (20 septembre 1792); et sous Dumouriez à celle de Jemmapes sur les Autrichiens (6 novembre 1792), fit, en 1793, la première campagne de Hollande, bombarda Vanloo et Maëstricht, et prit une part active à la bataille de Nerwïnde.

(1) Bourg de Belgique, dans le Hainaut, pris par les Français le 29 avril 1792.

Passé à l'étranger, lors de la *Terreur* (1), il se fit un devoir de refuser le commandement d'une division dans l'armée du duc de Saxe-Cobourg et de ne pas marcher contre la France. Ne voulant point se mêler aux intrigues ourdies contre sa patrie, il eut la sagesse de se retirer en Suisse, à Reichenau, où, pour vivre, il exerça les modestes fonctions de professeur de géographie, de mathématiques et de langues modernes aux appointements de 1,400 francs. Il y avait huit mois qu'il gagnait ainsi sa vie, lorsque, en 1795, Madame de Flahaut lui fournit l'occasion de se rendre en Amérique; il quitta donc la Suisse pour aller s'embarquer dans la Baltique; mais bien accueilli à Hambourg et en Suède, il se mit à visiter, en observateur et en géographe, le Danemark, la Suède, la Norwège, la Laponie, poussa jusqu'au cap Nord et revint par Tornéa et Abo. De retour à Hambourg, il passa en Amérique, sur la promesse du Directoire que son éloignement mettrait fin à la captivité de sa famille. Bientôt, en effet, rejoint par son frère, le duc de Montpensier, il visita les bords du Saint-Laurent, les Etats-Unis de

______

(1) On appelle ainsi le régime de persécution sanguinaire qui pesa sur la France, pendant la Révolution, depuis le 31 mai 1793, date de l'arrestation des Girondins, jusqu'au 9 thermidor (27 juillet 1794), jour de la chute de Robespierre.

l'Est, et gagna l'Angleterre. Pendant qu'il vivait avec ses frères à Twickenham, près de Londres, sa mère obtint de Louis XVIII qu'il le reçût à Mittau (1) et lui rendît le titre de prince français avec les avantages de la pension payée par la Russie aux Bourbons. Toutefois il n'y eut entre lui et les deux chefs de sa race qu'un rapprochement apparent. Après la perte de ses frères Montpensier et Beaujolais, il fut admis à Palerme dans l'intimité du roi Ferdinand IV, épousa le 25 novembre 1809, une de ses filles, Marie-Amélie de Bourbon, et resta désormais en Sicile. Il ne revint à Paris qu'en 1814, après la rentrée de Louis XVIII. Rétabli dans les biens de sa famille et dans tous ses titres honorifiques, mais reçu froidement aux Tuileries, il se lia avec le général Lafayette, le glorieux compagnon d'armes du général Washington dans la guerre de l'*Indépendance Américaine*, et l'ancien commandant de la garde nationale à la Révolution de 1789. De 1817 à 1830, il mit à profit la malveillance que lui montraient les Bourbons et qui lui conciliait les sympathies de l'opposition. Il fréquenta les notabilités politiques, les hommes éminents de la finance et ceux de la

(1) Ville de la Russie d'Europe, sur l'Aa, chef-lieu de la Courlande.

haute bourgeoisie qui étaient mécontents des tendances aristocratiques de la Restauration et devint ainsi le chef du parti libéral.

Aussi, quand les ordonnances de juillet suscitèrent la Révolution de 1830, dont il passa les trois journées à Neuilly, son nom, habilement répandu par ses amis, rallia un grand nombre d'adhérents, et, le 31 juillet il fut nommé par la Commission municipale de Paris lieutenant-général du royaume, reconnu comme tel par Charles X, présenté par Lafayette au peuple de l'Hôtel-de-Ville comme le chef de *la meilleure des républiques* et accepté à ce titre.

Le 6 août, la Chambre des députés lui offrit le trône avec le titre de *Roi des Français*. Le 9, il jura fidélité à la Charte, et prit le nom de Louis-Philippe Ier, pour rompre la chaîne des souvenirs avec l'ancien régime. La Charte (1),

(1) La Charte de 1830 supprimait d'abord le préambule de la Charte de 1814 qui faisait résider l'autorité tout entière dans *la personne du roi*. Ensuite elle mettait en question l'hérédité de la pairie, que l'on supprima l'année suivante, abolissait irrévocablement la censure des journaux et les tribunaux exceptionnels, attribuait au jury le jugement des délits politiques, ne reconnaissait plus la religion catholique comme religion de l'Etat, mais seulement comme religion de la majorité des Français. L'initiative des lois appartenait à la fois au roi et aux deux chambres. L'âge pour être député était abaissé à trente ans, et le cens de 1,000 francs à 500 francs de contribution directe ; l'âge des électeurs était aussi abaissé à vingt-cinq ans et leur cens à 200 francs.

non plus *octroyée* mais *acceptée* par le roi, fut
publiée le 14 août.

Les dix-huit années que dura le règne de
Louis-Philippe sont remplies d'évènements importants. Sous le rapport de la *politique extérieure*,
on a résumé son système par le mot de *paix à
tout prix*. Il est certain que, après les guerres de
la République et du Consulat, surtout après celles
de l'Empire qui avaient exaspéré l'Europe, il
était prudent de ne pas se montrer agressif. Louis-
Philippe n'eut donc pas tort de s'abstenir soigneusement d'inquiéter les puissances étrangères, et,
pendant seize ans, il fit de l'alliance anglaise son
point d'appui exclusif. Cependant plusieurs actes
de son règne furent empreints de fermeté et de
dignité : il assura l'indépendance de la Belgique
par la prise d'Anvers, laissa son ministre Casimir
Périer jeter des troupes à Ancône en face des
Autrichiens, et forcer le Tage pour punir Dom
Miguel d'insultes au nom français. En Amérique,
il agit avec vigueur contre le Mexique ; en Afrique,
il accepta, comme héritage de Charles X, la
guerre qui, poussée avec ardeur, nous donna la
vaste et belle colonie d'Algérie. Par la bataille
d'Ostrolenka, il soutint victorieusement la Pologne
contre la Russie, et s'il abandonna Varsovie,
c'est qu'il ne pouvait secourir ou venger cette

capitale de la Pologne, sans déchaîner une guerre européenne. Obligé de respecter lui-même les traités de 1815, il ne put que protester contre leur violation par l'Autriche qui réunit Cracovie (1) à la Gallicie (2).

A l'intérieur, Louis-Philippe pratiqua la doctrine du *juste-milieu*, c'est-à-dire qu'il s'efforça de maintenir l'équilibre entre le mouvement et la résistance avec l'aide de ministres successivement de plus en plus conservateurs. Il serait plus vrai de dire qu'il s'efforça de *faire maintenir* l'équilibre entre le mouvement et la résistance ; car il appliqua la fameuse maxime qui du reste est le principe même du véritable gouvernement parlementaire : *le roi règne et ne gouverne pas.*

En effet, la bourgeoisie, j'entends la riche bourgeoisie, qui seule en vérité avait profité de la Révolution de 1830, gouvernait par ses ministres.

Or, si Louis-Philippe tomba, c'est par leur faute, ou, pour mieux dire, par la faute d'un seul, le premier de tous, l'âme du Cabinet, j'ai nommé

(1) Cette ville située au confluent de la Rudawa et de la Vistule fut la capitale de la Pologne et la résidence des rois de 1320 à 1609. Dans le partage de la Pologne en 1795, Cracovie échut à l'Autriche. De 1809 à 1815 elle fit partie du grand-duché de Varsovie. Le Congrès de Vienne 1815 institua la *République de Cracovie* sous la protection de la Prusse, de l'Autriche et de la Russie.

(2) Division politique et administrative de l'empire d'Autriche formée d'une partie de l'ancienne Pologne.

Guizot. Assurément Guizot était un homme d'Etat d'une très grande valeur, mais à idées systématiques, complètement opposé aux plus légères concessions d'un caractère démocratique. En dépit de l'opinion publique, il s'obstina à ne point abaisser, si peu que ce fût, le cens électoral encore fort élevé. Il s'aliéna ainsi tous les petits bourgeois, tous les petits propriétaires, en somme beaucoup plus nombreux que les gros, tandis que le parti ouvrier qui avait acquis avec le temps des forces consirables, et qui aspirait au bien-être de la bourgeoisie, voulant à tout prix améliorer son sort, se préparait à renverser le gouvernement de Juillet. C'est dans ces conditions qu'éclata la Révolution toute démocratique de 1848.

On rapporte qu'à l'heure suprême où la dernière monarchie française allait sombrer, dans la tourmente révolutionnaire, sous les flots de cette mer inconstante et dangereuse, que Thiers (1) appelait « la vile multitude », le maréchal Bugeaud dit à Louis-Philppe : « Sire, l'insurrection est formidable, mais je crois pouvoir encore la comprimer, pourvu que vous me donniez plein pouvoir. » Le roi lui répondit alors spontanément : « J'aime

(1) Célèbre homme d'Etat et historien français, né à Marseille le 16 avril 1797, mort à Saint-Germain-en-Laye le 3 septembre 1877, après avoir exercé la plus haute magistrature de notre pays.

mieux perdre ma couronne que de la garder au prix du sang de mon peuple ! »

Voilà certes de belles et nobles paroles qui dévoilent un cœur de roi foncièrement bon et humain, où cette ambition *sanglante* et *égarée* dont parle le poète n'avait aucune place.

Il est certain que Louis-Philippe ne voulut pas qu'on tirât un seul coup de fusil sur les insurgés, et, dans ce cas, la perte du trône fut véritablement glorieuse.

Le vieux roi déchu reprit courageusement et la tête haute la route de l'exil, et, sous le nom de comte de Neuilly, alla habiter en Angleterre le château de Claremont où il mourut deux ans après.

Il avait eu huit enfants : 1° le duc d'Orléans, né en 1810, mort en 1842, père du comte de Paris et du duc de Chartres ; 2° Louise, reine des Belges, née en 1812, morte en 1852 ; 3° Marie, princesse de Wurtemberg, née en 1813, morte en 1839 ; 4° le duc de Nemours, né en 1814 ; 5° le prince de Joinville, né en 1818 ; 6° Clémentine, princesse de Saxe-Cobourg-Cohari, née en 1822 ; 7° le duc d'Aumale, né en 1822 ; 8° le duc de Montpensier, né en 1824.

Sous le règne de Louis-Philippe, la France a joui d'une grande liberté, l'industrie d'une prospérité presque constante, les sciences d'une protection qui a pu aider à leurs merveilleuses découvertes.

Quel que soit le jugement qu'on porte sur le roi, on s'accorde unanimement à reconnaître que l'homme privé fut digne de respect : il donna le spectacle d'un père maintenant l'ordre et la dignité dans une nombreuse famille.

Habitué à la vie sévère et rude des camps, il avait une table des plus frugales et une couche assez dure : une paillasse et deux matelas de crin composaient toute sa literie.

Il avait des goûts bourgeois et il était très simple dans son langage, dans ses manières, dans sa mise. Il n'aimait point l'apparat de la cour, et, toutes les fois qu'il le pouvait, il se débarrassait d'un entourage désagréable et gênant, pour aller se promener seul et en paix comme le plus humble citoyen. Il n'était pas rare de le voir circuler sur les boulevards ou dans les rues de Paris, revêtu d'une longue redingote vert pomme, avec un pantalon gris, coiffé d'un chapeau haut de forme également gris, portant sous un bras un vaste riflard pour se garantir de la pluie. C'était bien le roi qui convenait aux bourgeois de Paris.

Une des accusations les plus répandues contre

lui, une de celles qui, perfidement exploitées, ont
excité contre sa famille les accusations les plus
odieuses et les plus mal fondées, c'est celle d'avarice. A entendre les hommes de l'opposition d'alors,
le roi Louis-Philippe thésaurisait, et, sur sa liste
civile comme sur les revenus des Domaines et
de la Couronne, augmentait sa fortune. C'était,
disait-on, un avare épuisant la France pour enri-
chir sa famille. Puis, à la faveur de la Révolution,
ses ennemis les plus acharnés envahissent les Tuileries, mettent la main sur les comptes de cet
avare, et se rendent malgré eux à l'évidence des
faits : ce roi avare était criblé de dettes ! Ce roi
avare qu'on accusait d'avoir fait passer tant de
millions à l'étranger, arrivait à l'étranger sans un
sou vaillant. Sans quelques milliers de francs
oubliés chez un banquier, dans un de ses voyages,
il se serait trouvé absolument dénué de ressources.
Et ses dettes étaient-ce des dettes contractées
pour son plaisir ou pour celui de sa famille ?
Non. — Elles avaient pour cause les immenses
travaux exécutés dans les palais royaux, des
encouragements aux arts, en un mot, les plus
honorables motifs de dépense. Ce roi avare s'était
endetté pour encourager les artistes, pour faire
travailler les ouvriers ! Il avait gaspillé sa fortune
à bâtir, à acheter des tableaux, mais non des

consciences ; car il était trop honnête pour exploiter les bassesses humaines. Disons en terminant qu'il était indulgent et compatissant. On sait son inépuisable clémence : il usait le plus souvent du droit de grâce, quand la loi devait être exécutée, même envers ceux qui avaient attenté à ses jours.

Le roi Louis-Philippe, bon et simple, courageux et honnête, généreux et clément, versé dans les lettres et dans les sciences, fort au courant des progrès de toute espèce de notre siècle, était donc le prince qui résumait dans sa personne les aspirations de la France d'alors ; souverain assez bourgeois dans sa vie, quoique de race royale, pour quo sa monarchie fût celle de tout le monde. Il ne fut pas le roi d'une classe, mais bien le roi de tous, le niveau égalitaire ayant supprimé les classes dans la France moderne, et il eut la satisfaction assez rare dans sa condition d'être aimé vraiment pour lui-même par le plus grand nombre des hommes qui l'approchèrent.

CHAPITRE II

Le Duc d'Aumale (1).

Henri-Eugène-Philippe-Louis d'Orléans. — Son enfance et sa jeunesse.

Son Eminence le Cardinal Adolphe Perraud, s'exprimait ainsi dans son *allocution* prononcée à Saint-Germain-des-Prés, le jeudi 10 juin 1897, à l'issue du service funèbre célébré pour le repos de l'âme du Prince par les soins de l'Institut de France :

« La dernière fois que notre illustre confrère avait paru à l'Académie française, le jour où, moi-même, je m'y étais trouvé pour prendre part aux

---

(1) Aumale est le nom d'un domaine situé dans le chef-lieu de canton du même nom (Seine-Inférieure) et concédé vers 1069 par le chapitre de Rouen à Eudes, fils du comte de Champagne, l'un des compagnons de Guillaume le Conquérant, qui l'érigea en comté. Le comté devint duché en 1547, En 1631, Anne, fille du duc Charles, épousa Henri de Savoie, duc de Nemours et cette maison posséda Aumale jusqu'en 1675, où il fut acheté par la Couronne pour Louis-Auguste de Bourbon, duc du Maine. La petite-fille de ce prince, Adélaïde de Bourbon-Penthièvre, ayant épousé en 1769 le duc d'Orléans, père du roi Louis-Philippe, le duché vint à la maison d'Orléans. Le titre de duc d'Aumale échut à Henri-Eugène-Philippe-Louis, quatrième fils du roi Louis-Philippe.

élections du 1ᵉʳ avril, le duc d'Aumale s'était approché de moi. A propos du travail dont il avait donné lecture peu de jours auparavant, il me parla de celle qu'il appelait « sa sainte mère » et des conseils qu'il avait reçus d'elle au moment où il allait s'engager dans sa première campagne d'Algérie. »

Il fallait vraiment que l'impression que l'enseignement de cette sainte femme avait produite sur son âme fût bien profonde pour que, à l'âge de soixante-quinze ans, en dépit des ravages du temps, des luttes et des vicissitudes de la vie, trente et un ans après sa mort, il la ressentît encore.

Henri d'Orléans aimait et vénérait tout particulièrement sa mère. Or, ne l'oublions pas, les mères exercent la plus heureuse influence sur la prospérité morale des enfants qui les chérissent et les respectent, et sur le développement de leurs facultés intellectuelles au profit d'eux-mêmes, de leurs concitoyens, de leur patrie, de l'humanité tout entière. En effet, dans le religieux amour d'un fils, une mère éclairée trouve un puissant auxiliaire pour faire germer dans l'âme de son enfant une semence de vertus. Comme un bon terrain, qui porte de lui-même sa moisson et féconde ce que la main du laboureur lui a confié, de même le jeune homme docile aux instructions de sa mère,

La Reine Marie-Amélie, mère du Duc d'Aumale.
D'après WINTERHALTER (Musée de Versailles).

les garde religieusement, les étend, les mûrit, et, quand le jour de la récolte est venu, donne en abondance des fruits dont il a le premier la jouissance.

L'histoire atteste cette heureuse influence de la mère sur le moral du fils, les annales des nations en portent le témoignage impérissable. Coriolan (1) menaçant Rome, Coriolan, ce fier descendant de la Gens Marcia, que n'avaient pu fléchir ni les supplications de ses concitoyens, ni la majesté des pontifes romains, ni les prières de son épouse, fut touché, quand il vit Véturie, sa mère, en habits de deuil à ses pieds. Vaincu par sa seule présence, il accorda à celle qui l'avait nourri de son lait ce que les larmes et les prières n'avaient pu obtenir de lui : ainsi la piété filiale sauva Rome de la destruction.

Tibérius et Caïus Gracchus (2), qui avaient conservé pieusement dans leur âme les sentiments de générosité et de patriotisme qu'y avait déposés leur mère Cornélie, moururent victimes de leur dévoue-

(1) Célèbre général romain du vᵉ siècle avant J.-C. Après avoir rendu de brillants services à sa patrie, il s'attira la haine de la plèbe, qui refusa de le nommer consul. Accusé plus tard par les tribuns du peuple, il fut condamné à l'exil. Réfugié chez les Volsques, ennemis des Romains, il vint assiéger Rome.

(2) Ces deux frères, petits-fils par leur mère du grand Scipion l'Africain, étaient tribuns du peuple à Rome.

ment à la cause du peuple, en voulant reconstituer par une loi agraire la petite propriété et la classe moyenne.

Que dire de la vénération toute particulière que saint Augustin (1) et saint Jean Chrysostôme (2) avaient pour leur mère ?

« Je trouvais à la vérité, dit saint Augustin dans ses *Confessions*, une sorte d'adoucissement dans le témoignage que ma mère m'avait rendu pendant cette dernière maladie, où, satisfaite des soins que je lui rendais, elle m'appelait *son bon fils*, et se plaisait à se rappeler, avec un sentiment de tendresse inexprimable, que jamais elle n'avait entendu sortir de ma bouche le moindre mot qui pût l'outrager ou lui déplaire, et, cependant, ô mon Dieu, qu'y avait-il de comparable entre ces respects dont je m'acquittais envers elle, et tant de soins de tout genre qu'elle avait eus de moi. »

Que de fruits a produits ce saint respect ! Saint Augustin et saint Jean Chrysostôme n'ont-ils pas trouvé la récompense de leur pieuse soumission aux enseignements maternels ? Car de ces deux

(1) Evêque d'Hippone, ancienne ville de la Numidie, le plus célèbre des Pères de l'Eglise (354-430).

(2) L'un des Pères de l'Eglise, évêque de Constantinople (347-407). Chrysostôme est un surnom qui signifie en grec *bouche d'or* par allusion à son éloquence.

mères, l'une a fait de son enfant le *Docteur de la Grâce*, et l'autre, du sien, un des Pères de l'Eglise aussi savant qu'humain dont Libanius, célèbre rhéteur grec sous l'empereur Julien, fit l'éloge de cette manière en le recevant des mains de sa mère au nombre de ses élèves : « O Dieux des Grecs, quelles femmes parmi ces chrétiens ! »

Au reste, l'influence maternelle sur le bonheur des enfants et des jeunes gens, qui ont eu un culte pour leur mère, est un fait avéré au sujet duquel Isaac Disraëli (1) a écrit des réflexions dont je me plais à citer la phrase suivante :

« Les premières impressions durables de notre existence morale viennent de la mère ; » et il ajoute à l'appui de cette assertion que Kant (2), le métaphysicien allemand, aimait toujours à dire hautement qu'il devait à l'influence du caractère de sa mère la sévère inflexibilité de ses principes de morale.

« A la manière dont ma mère m'a élevé dès ma plus tendre enfance, disait Napoléon Ier, je dois principalement ma suprême élévation. »

Le duc d'Aumale pouvait en dire autant ; car il dut en principe à sa mère sa *suprême élévation*

----

(1) Ecrivain anglais, né en 1766, mort en 1848.
(2) Kant, célèbre philosophe allemand (1724-1800), auteur de la *Critique de la Raison pure.*

morale, qu'il atteignit par un constant effort de la volonté et qui l'emporte sur toute autre.

Vauvenargues (1) a dit : « Comme on se console de n'avoir pas de hautes places, on doit se consoler de n'avoir pas de grands talents : on peut être au-dessus de l'un et de l'autre par le cœur. »

Cette pensée si juste et si vraie ne peut s'appliquer au duc d'Aumale qu'en ce qui concerne le souverain pouvoir ; car il eut, comme nous le verrons, de très hautes places et de grands talents. Il n'y a que la royauté qu'il n'exerça pas. Il est alors permis de dire qu'il fut *au-dessus par le cœur*.

Marie-Amélie de Bourbon, sa mère, née à Caserte le 26 avril 1782, était, comme je l'ai dit dans le précédent chapitre, l'une des filles de Ferdinand IV, roi des Deux-Siciles et de Marie-Caroline, archiduchesse d'Autriche. Cette jeune princesse avait reçu, sous la direction de Madame d'Ambrosio, une éducation soignée. Lors de la conquête de Naples par les Français en 1798, elle suivit sa mère à Palerme, puis alla passer deux ans à Vienne et ne retourna dans son pays qu'en 1802. Bientôt elle fut forcée de partager le nouvel exil de sa famille en Sicile, où, en 1808, elle fit la connaissance du duc d'Orléans, alors banni comme

---

(1) Illustre moraliste français, auteur des *Maximes* (1715-1747).

elle de sa patrie. Devenue l'épouse de ce prince, elle arriva en France au mois de septembre 1814, n'y resta que quelques mois, se rendit en 1815 en Angleterre avec ses enfants et ne revint à la cour qu'au commencement de 1817. Quand le duc d'Orléans fut appelé au trône en 1830, la reine Marie-Amélie, qui passait alors pour avoir montré beaucoup de répugnance à partager une couronne qu'elle croyait entachée d'illégitimité, eut la sagesse de renoncer à toute espèce de rôle politique. Se consacrant tout entière à l'éducation privée de ses nombreux enfants, sur lesquels elle exerçait un grand ascendant, elle ne vit dans son élévation qu'un moyen d'élargir encore le cercle de son œuvre salutaire.

D'ailleurs, Marie-Amélie avait parfaitement compris le rôle et les devoirs de la mère. Elle savait bien que la femme qui ne donne que le jour à son enfant, n'est pas une mère, qu'une mère fait plus, qu'elle doit le nourrir de son lait, lui donner son sang, sa vie, son âme, c'est-à-dire la santé du corps et de l'esprit. Marie-Amélie était dans la vérité; car la prospérité de l'enfant est étroitement liée à celle de la mère; la force de la société dépend de cette intime union, puisque la mère et l'enfant constituent la famille, et que la société, comme la patrie, tire ses forces vives de la famille.

Pour une bonne mère, donner l'être, c'est peu ; donner à son enfant une constitution robuste et une bonne santé, ce doit être beaucoup ; « planter vertu en l'âme et vigueur en l'esprit, » comme dit Amyot (1), ce doit être tout. L'œuvre complète de la maternité conduit à ce noble but.

L'épouse du duc d'Orléans le sentit bien tout d'abord. Aussi voulut-elle être la mère tout entière de ses enfants et, pour arriver à ce résultat d'une si grande importance, elle ne fit pas difficulté de les allaiter, comme la plus humble des plébéiennes. Reine de France, elle fit de même, donnant aux dames de la cour et de la haute société ce bel exemple du devoir et du dévouement maternels. Elle était persuadée que ses enfants recevaient avec son lait une semence de vertus qui germeraient un jour pour leur bonheur et celui de la société française.

C'est dans ce sentiment qu'elle se mit à nourrir son quatrième fils, le cher petit duc d'Aumale. Elle lui prodiguait, avec son lait, son amour, sa tendresse, son âme tout entière. Il fallait voir avec quelle convoitise elle recherchait les douces joies de son premier rire, les premiers mots et les

---

(1) Grand aumônier de Charles IX et évêque d'Auxerre, traducteur de l'historien et moraliste grec Plutarque (1514-1593).

premiers murmures de sa langue qui bégayait les noms de maman et de papa. Comme elle était à la fois heureuse et avare de ces grâces enfantines, pleines de douceur et de charme, qui sont comme le tribut sacré dû à la mère ! Comme les mignonnes et gentilles caresses du cher petit Henri remuaient son cœur ! C'est ainsi qu'elle apprenait à cet enfant à aimer sa mère, avant de savoir qu'il devait l'aimer. Elle savait déjà par expérience quels fruits elle recueillerait de sa constante sollicitude et de son inépuisable tendresse. En effet, elle lui donnait avec son lait les premiers sentiments d'amour dans lesquels elle trouverait plus tard un précieux auxiliaire pour l'élever dans le culte et la pratique du bien. Il n'y a pas en vérité de guide plus sûr pour les âmes saines que le sentiment. Et pour que en grandissant le cher enfant se laissât guider par le sentiment, elle lui apprenait, dès à présent, pour ainsi dire à son insu, à sentir ce qui était bien, et, dans ce but, elle s'appliquait à soigner son âme autant que son corps. Car l'âme, comme le corps qu'on néglige, s'étiole et ne tarde pas à périr. Or, la santé de l'âme consiste dans la pureté et la force morale, comme celle du corps dans la fraîcheur et la force matérielle.

A mesure que le jeune Duc grandissait, la reine

Marie-Amélie fortifiait son âme par un enseignement plus solide. Elle savait, la sainte femme, tout ce qu'il y avait de bon dans son cœur et elle s'efforçait de le transmettre à ce digne fils dont elle voyait, avec une légitime fierté, se développer chaque jour les plus belles qualités, qu'il tenait en partie de son père et qui s'accusaient plus vivement sous l'influence maternelle. Elle lui inculquait pour sa part la pureté et la noblesse des sentiments, toutes les vertus humaines, surtout la foi profonde en Dieu et en la Sainte Vierge. De son côté Henri recevait, je ne dirais pas avec docilité, ce serait trop peu dire, mais avec bonheur et reconnaissance les leçons de sa mère. Quand il agissait mal, un blâme d'elle était pour lui la plus dure des punitions; quand il agissait bien, un baiser la plus douce des récompenses. Il tenait surtout à lui faire plaisir; car il l'aimait tendrement. Aussi faisait-il tout ce qu'il pouvait pour se corriger de ses défauts (tous les enfants, même les meilleurs en ont) et il y parvenait. Son immense affection pour elle l'empêchait souvent de commettre une faute grave, parce qu'il ne craignait rien tant que de lui causer du chagrin. Il travaillait de la sorte sans cesse avec un soin particulier à son perfectionnement moral. Aussi quelle était la félicité de Marie-Amélie, en voyant ce fils bien-aimé, quelle tâchait de faire à sa ressemblance, accroître de jour en jour par de constants efforts les richesses de son cœur !

Elle ne cessa jamais, tant qu'elle vécut, de lui donner des conseils, et ce *bon fils* ne cessa jamais de les écouter et de les suivre. Nous savons qu'avant de partir pour l'Algérie, il reçut de sa *sainte mère* des instructions inoubliables. Elle pouvait donc dire de lui : « C'est moi qui l'ai nourri de mon lait, c'est moi qui ai veillé sur son berceau, c'est moi qui ai eu son premier sourire, son premier baiser, sa première larme, ses premières caresses, ses premiers mots d'amour, son premier élan de reconnaissance. C'est moi qui lui ai inspiré le culte du devoir, qui lui ai appris à s'élever à la vraie grandeur, l'amour de Dieu, idéal de sainteté, et l'amour des hommes. Depuis le jour de sa naissance, je me suis sans cesse dévouée à mon enfant, et, en lui donnant avec la santé du corps celle de l'âme, j'en ai fait un homme de bien, vraiment fort au moral comme au physique, bon serviteur de Dieu, de la France et de ses semblables. »

Pendant que la reine faisait, avec un dévouement admirable, l'éducation de son cœur, le roi lui apprenait la vie humaine dont il avait l'expérience déjà longue et la pratique toujours active.

Ayant connu par lui-même dans l'adversité combien le savoir est utile à l'homme, quelque élevée que soit sa condition, Louis-Philippe voulait doter le duc d'Aumale, comme du reste tous ses enfants, d'une forte culture intellectuelle. Il lui avait donc donné de très bonne heure un précepteur. C'était Cuvillier-Fleury (1). Le duc d'Orléans, j'appelle ainsi Louis-Philippe, pour éviter toute confusion, car les faits que je rapporte ici se passaient trois ans avant qu'il montât sur le trône, dit alors à M. Cuvillier-Fleury, en parlant de ses fils et particulièrement du duc d'Aumale : « Il faut qu'ils restent princes ; le métier est rude aujourd'hui ; je ne veux pas, sous prétexte de renoncer à quelques avantages de leur état, qu'ils échappent à ses devoirs ou à ses dangers, mais il *faut élever les princes comme s'ils ne l'étaient pas.* » C'était dire

(1) Né en 1802, Cuvillier-Fleury fit ses études au collège Louis-le-Grand et obtint au concours général le prix d'honneur de rhétorique en 1819. Il fut, pendant deux ans, secrétaire de l'ancien roi de Hollande, Louis Bonaparte, dont il partagea l'exil à Rome et à Florence. De retour en France, il entra comme directeur des études au collège Sainte-Barbe. C'est en 1827 que Louis-Philippe lui confia l'éducation du jeune duc d'Aumale à la personne duquel il resta attaché comme secrétaire des commandements. En 1834, il entra au *Journal des Débats* où il a jusqu'à la fin soutenu la cause de la monarchie de Juillet. Il fut promu officier de la Légion d'honneur en 1845. La Révolution de 1848 et les évènements qui l'ont suivie n'ont nullement affaibli son attachement à la famille d'Orléans, particulièrement au duc d'Aumale. Il a été élu, en 1866, membre de l'Académie française.

clairement que le duc d'Aumale devait, comme ses frères, recevoir une instruction solide et complète, telle que celle que tout bon père de famille, soucieux de l'avenir de ses enfants, doit leur procurer. Le duc d'Orléans avait pleinement raison ; car il ne faut pas qu'un prince soit moins bien armé qu'un simple citoyen pour la vie publique.

Ce n'est pas sans inquiétude que Cuvillier-Fleury accepta la mission que les plus grands docteurs de l'Eglise chrétienne n'acceptaient qu'en tremblant, d'élever un prince français. En effet le prince était un tout jeune enfant et lui-même un jeune homme. Mais il trouva tout d'abord dans son disciple une docilité et une sagesse exemplaires qui devaient faciliter singulièrement sa tâche et même la lui rendre douce. L'enfant était plein de bonne volonté, d'application, de zèle. Il apprenait parfaitement ses petites leçons et faisait ses devoirs avec autant de plaisir que de soin. Il était vif, actif, curieux de connaître quelque chose de nouveau. Il écoutait, avec une religieuse attention, les explications de son maître. Du reste, l'enseignement de Cuvillier-Fleury n'avait rien d'aride, de fatigant, d'ennuyeux ; il avait l'attrait d'une causerie aimable et charmante, pleine d'agrément et de variété, toujours à la portée de l'intelligence du jeune élève. Le précepteur cultivait ainsi avec discernement et par degrés l'esprit du duc d'Aumale. Les progrès étaient merveilleux. Il développait peu à peu chez son cher et studieux disciple le goût de la lecture des ouvrages d'histoire, principalement d'histoire de France, attirant son attention sur les grandes figures qui personnifient les grandes époques. C'est par exemple Vercingétorix, le héros gaulois par excellence engageant, pour sauver son pays, une lutte suprême avec César, le chef des envahisseurs romains, et ayant le courage, après sa défaite, d'aller se rendre à son cruel ennemi pour assurer le salut de ses compagnons d'armes enfermés dans Alésia. Il reste six ans dans une dure captivité et n'en sort que pour servir d'ornement au triomphe du conquérant de sa patrie; après quoi, César lui fait trancher la tête sur la première marche de l'escalier qui conduit au Capitole. A ce propos, le précepteur ne manquait pas de faire observer à son élève que le christianisme n'avait pas encore enseigné la pitié aux vainqueurs qui ne connaissaient d'autre maxime que la devise du vieux Brennus (1) : *Malheur aux vaincus!*

C'est maintenant Clovis en guerre avec les Alamans, peuple germain, qui veulent à leur tour passer le Rhin et prendre part aux dépouilles de

______

(1) Chef Gaulois qui prit et pilla Rome en 390 avant J.-C.

Louis-Philippe confie à M. Cuvillier-Fleury l'éducation de ses fils.

la Gaule. Clovis accourt et la bataille s'engage près de Tolbiac. Contre leur habitude, les Francs se laissent entamer. Déjà ils plient : Clovis, blessé au visage et aveuglé par le sang, invoque en vain ses dieux. Tout semble perdu, quand tout à coup il s'écrie : « Christ, que Clotilde adore, j'invoque ton assistance ; si tu m'accordes la victoire, je croirai en toi, et je me ferai baptiser en ton nom ! » Tandis qu'il prononce ces paroles, ses soldats reprennent courage, se précipitent avec furie sur les Alamans, les mettent en déroute et les taillent en pièces. De retour à Soissons, Clovis confesse à Clotilde qu'il doit sa victoire au Dieu des chrétiens et il se fait instruire par saint Remi ; puis il convoque ses plus braves guerriers et leur fait part de sa résolution de recevoir le baptême. Alors tous s'écrient : « A partir de ce jour nous rejetons les dieux mortels et impuissants et nous ne voulons plus d'autre dieu que le Dieu de Clotilde. »

Charlemagne paraît et dompte les Saxons après une guerre longue et sanglante. La Saxe est enfin soumise : l'Eglise plante la croix sur cette terre rebelle ; les missionnaires, c'est-à-dire les prêtres et les religieux qui ont reçu du pape la mission de prêcher l'Evangile, prennent possession du pays ; en peu de temps, des bourgades et des villes nombreuses s'élèvent au milieu des forêts défrichées. Les monastères deviennent des foyers actifs de culture intellectuelle, en d'autres termes, des lieux où l'on se livre paisiblement, au milieu de peuples presque sauvages et toujours en guerre, à l'étude des sciences et des arts.

Pendant ce temps Charlemagne est couronné solennellement empereur par le pape Léon à Rome dans la basilique de Saint-Pierre, et ce grand homme emploie ses quatorze années de règne comme empereur à établir, dans les vastes Etats placés sous son sceptre, un ordre qu'on n'y avait pas vu depuis la chute du monde romain. Rien de ce qui se passe d'une extrémité à l'autre de son empire n'est ignoré de lui ; il porte dans les affaires civiles une activité aussi extraordinaire que dans les affaires militaires. Voulant tout connaître, le bien comme le mal, afin de punir ou de récompenser chacun selon ses œuvres, il envoie en tous lieux des hommes sûrs qui lui rendent un compte fidèle de ce qu'ils ont vu et entendu. Il prépare des lois très sages qui, sous le nom de *Capitulaires*, ont longtemps été observées en France, et il s'attache avec un soin particulier à développer le génie de ses peuples par la culture de la science, en même temps qu'il assure leur bien-être par les encouragements qu'il donne à l'agriculture ; si bien que la société parvient au degré de prospérité qu'elle peut atteindre à une époque encore demi-barbare, où la guerre continue malheureusement à jouer un rôle si important.

Voici à présent Louis IX, le plus grand roi de la dynastie capétienne et l'homme le plus saint qui soit jamais monté sur le trône. Deux sentiments, la crainte de Dieu et l'amour du devoir, inspirent et expliquent tout son règne. Ce prince montre ce que peut la sainteté dans un grand cœur. A la nouvelle de la chute de Jérusalem, reprise par les Musulmans, il part pour la croisade, se dirige vers l'Egypte et aborde près de Damiette. Le rivage est garni des bataillons ennemis. Dès que la bannière royale a touché terre, saint Louis saute dans les flots, et, ayant de l'eau jusqu'aux épaules, le heaume en tête et l'épée au poing, il se précipite vers l'ennemi. Les chevaliers français le suivent serrés les uns contre les autres; puis tous ensemble, escaladant la rive, présentent un front de fer aux Sarrasins, rompent leurs lignes et les poursuivent jusqu'à Damiette, dont ils s'emparent. Ils marchent sur le Caire. Mais les revers, c'est-à-dire les temps d'épreuves, surviennent : le jeune comte d'Artois, frère du roi, succombe avec trois cents chevaliers. Au milieu de la disette, des maladies contagieuses envahissent le camp des croisés. Le roi donne ordre de se replier sur Damiette ; lui-même atteint de la maladie tombe entre les mains des Musulmans. Grand au milieu de la victoire, le saint roi est plus grand encore dans la captivité. Le sultan lui demandant pour sa rançon et celle des chevaliers douze millions de francs, « un roi de France, répond-il, ne se rachète pas pour de l'argent; » il stipule que la ville de Damiette étant rendue pour sa personne, cinq millions de francs rachèteront ses compagnons d'armes. Le traité est sur le point d'être conclu, quand le sultan est massacré par ses mamelucks (1). Un des chefs de la révolte, portant à la main le cœur sanglant de son maître, se présente devant saint Louis : « Tu m'appartiens, lui dit-il ; fais-moi chevalier ou tu es mort. — Fais-toi chrétien, répond le roi, et je te ferai chevalier. » Le roi était encore en Orient, quand il apprend subitement la mort de sa mère, Blanche de Castille. C'est pour lui un coup terrible, car il a pour elle une affection profonde : c'est l'éducatrice de son âme, l'inspiratrice de ses vertus et de sa piété. Il a la mémoire du cœur et son affliction est sans bornes. « Le roi, dit Joinville (2), mena un tel deuil que de deux jours on ne lui put parler. Après

(1) Soldats d'une milice à cheval formée en Egypte d'esclaves affranchis.

(2) Historien français, conseiller de Louis IX, auteur de très curieux *Mémoires* (1224-1318).

cela, il m'envoya quérir par un valet de chambre, et, dès qu'il me vit, il me tendit les bras, et me dit : « Ah! sénéchal, j'ai perdu ma mère! » Ce qu'il est au dehors, saint Louis l'est dans son royaume. Pendant les seize années qui suivent son retour en France, il fait jouir ses sujets de l'administration la plus équitable, la plus éclairée et la plus paternelle. Il abolit les guerres privées et le duel judiciaire, rend la justice lui-même sous un chêne, protège le commerce et l'industrie, fonde plusieurs hôpitaux, notamment les *Quinze-Vingts* qui servent de retraite à trois cents chevaliers auxquels les Sarrasins avaient crevé les yeux, fait construire la *Sainte-Chapelle*, chef-d'œuvre de l'art, une des merveilles que l'on contemple avec le plus d'admiration à Paris, et succombe dans une nouvelle croisade qu'il entreprend pour tenter une seconde fois d'accomplir le vœu de sa jeunesse. On peut dire sans exagération que la royauté, sous les traits de saint Louis, a été l'image de Dieu sur la terre.

La scène change : le beau royaume de France est aux mains des Anglais, et Charles VII, confiné dans une minime partie du territoire, est appelé par dérision le *roi de Bourges.* Sur ces entrefaites une jeune paysanne arrive à Chinon où le roi se tient avec sa cour. C'est la vierge de Vaucouleurs,

Jeanne Darc (1), venant du village de Domrémy. Elle est *messagère de Dieu* et demande à parler au roi. Elle le reconnaît sans jamais l'avoir vu et lui dit : « Gentil Dauphin, Dieu a pitié de vous et de votre peuple ; si vous me donnez des hommes d'armes, je ferai lever le siège d'Orléans et je vous mènerai sacrer à Reims ; car la volonté de Dieu est que les Anglais s'en aillent dans leur pays, et que le royaume vous demeure. » Le roi, les hommes de guerre, les docteurs ne peuvent résister à la foi de Jeanne et à l'enthousiasme populaire. Elle reçoit donc du roi la mission de faire entrer dans Orléans un grand convoi de vivres, escorté de 11,000 hommes. Les trois fameux généraux, Dunois, Lahire, Xaintrailles l'accompagnent. Une manœuvre hardie, que veut tenter Jeanne, les effraye : « Mon dessein est plus sûr que le vôtre, leur dit-elle ; c'est celui de Dieu, lequel à la prière de Charlemagne et de saint Louis, a eu pitié de la ville d'Orléans. » Puis elle passe la Loire, poussant devant elle sur des radeaux les vivres du convoi. Les Anglais sont impuissants à arrêter l'héroïne, et le 29 avril 1429 elle fait son entrée dans la ville au milieu de l'allégresse publique : le peuple d'Orléans la considère en effet comme l'ange de

(1) En un seul mot suivant l'orthographe du temps.

Dieu. Bientôt Jeanne ordonne l'attaque des bastilles qui entourent la place, deux sont emportées, la troisième, celle des Tournelles, est également enlevée, les Anglais sont forcés d'évacuer les lignes du siège, abandonnant leur artillerie, leurs munitions et leurs bagages. Jeanne victorieuse tient sa promesse : elle fait sacrer Charles à Reims. Il est bien maintenant le vrai roi, celui auquel le royaume doit appartenir, et les Anglais sont battus. Mais tombée aux mains des Bourguignons l'héroïne est vendue à leurs alliés, les Anglais, qui, pour se venger de leurs honteuses défaites, ont la lâcheté de la faire brûler vive à Rouen, sur la place du *Marché-Vieux*, sans que Charles qui lui doit sa couronne et son royaume, ait rien tenté pour la sauver. Cependant, en dépit des flammes, Jeanne la martyre, *messagère de Dieu*, demeure triomphante dans sa gloire immortelle, et les Anglais ne peuvent faire qu'elle ne soit point la *libératrice de la France*.

Jeanne d'Arc ne représente pas seulement une époque ; c'est une figure sublime, unique en son genre, dont le caractère a une plus haute portée : elle est la personnification la plus noble et la plus pure de la France, dont la foi profonde, le patriotisme invincible et le courage indomptable ont fait et feront toujours la force et la grandeur.

C'est de cette manière si vive et si attachante que Cuvillier-Fleury faisait étudier l'histoire de France au duc d'Aumale, dirigeant ses lectures et les accompagnant de judicieuses observations. Le jeune disciple augmentait de la sorte ses connaissances, prenait l'habitude de la réflexion, apprenait déjà à juger sainement les faits, en remarquant combien était puissante l'action de la pensée et de la volonté humaines sur les évènements, surtout quand elles s'inspiraient de Dieu, source suprême de toute sagesse, de toute vaillance, de toute justice, de tout bien.

Le roi voulait que le duc d'Aumale fût initié non seulement à la connaissance des langues modernes, mais aussi à l'intelligence, discrètement graduée, de quelques-uns des génies qui les ont illustrées. Il disait de Shakespeare (1) : « Défauts à part, c'est la grande école du cœur humain. » Louis-Philippe pensait juste. En effet, Shakespeare met sur la scène les hommes tels qu'ils sont avec leurs défauts et leurs qualités, leurs vices et leurs vertus, leur bassesse et leur grandeur, et il les fait agir et parler de la façon la plus naturelle et la plus vraie dans des évènements terribles ou sin-

(1) William Shakespeare, le plus grand poète dramatique de l'Angleterre, né à Stratford-sur-Avon en 1564, mort à Newplace en 1616, le jour anniversaire de sa naissance.

guliers, où, comme dans la vie réelle, le tragique
se mêle souvent au comique, le pathétique au
burlesque. Pour répondre complètement au désir
du roi, le précepteur n'apprit pas seulement au
jeune prince la langue anglaise; il lui fit encore
connaître quelques-unes des scènes les plus émouvantes de certaines pièces, notamment de *Hamlet* (1)
et du *Roi Lear* (2), où le grand poète dramatique
expose, avec une vérité saisissante, cet imposant
tableau de la puissance paternelle révérée ou
méconnue, appelant les faveurs ou les vengeances
célestes sur les enfants dont les uns ont accompli
et les autres abjuré tous les devoirs de la piété
filiale. Le duc d'Aumale prenait le plus vif intérêt
à ces récits d'un genre nouveau et, sans peine,
grâce au talent discret de son maître, il s'initiait
peu à peu à l'intelligence d'un des plus beaux et
des plus profonds génies dont l'humanité s'honore
à juste titre. Bien des années après, quand il connut

(1) *Hamlet,* prince de Danemark, type du respect et de l'amour
filial, se voue à la vengeance de son père lâchement tué par
Claudius, son oncle, qui ambitionnait la couronne, et, pour arriver
plus sûrement à ses fins, il simule la folie avec un art merveilleux.

(2) Le *Roi Lear* est le représentant de la faiblesse paternelle et
de ses caprices : il a deux filles, Régane et Goneville, profondément égoïstes et cupides qui lui font croire par toute espèce de
cajoleries qu'elles l'aiment, pour lui enlever de son vivant tous
ses biens. A leur instigation il chasse sa troisième fille, la jeune
Cordélia, la seule qui l'aime d'un amour sincère et désintéressé.
Il reconnaît enfin son erreur et maudit ses deux filles ingrates.

à son tour les tristesses de l'exil, il lui fut donné
de mettre à profit cette prévoyance paternelle. En
effet, il eut, plus d'une fois, en Angleterre, à pré-
sider des fêtes littéraires et des réunions de savants. Un jour il dit à ses hôtes, nos voisins d'outre-
Manche : « J'ai grandi en France avec une des
premières générations qui ont commencé à étudier
les littératures étrangères. On commentait, on citait
Shakespeare ; on l'imitait même, quand il se trouvait quelqu'un d'assez audacieux pour tenter
l'épreuve... Vos livres étaient dans toutes les
mains. » C'est en langue anglaise, remarquons-le
bien, qu'il s'exprimait alors ainsi, et il la parlait
aussi couramment et aussi purement que les
Anglais. Mais il faut observer que, quand il parlait
en anglais, il pensait toujours en français ; car
il était Français de cœur autant que de naissance
et, en dépit de tous les évènements politiques, il
resta toujours attaché à la France comme à une
mère, ce qui n'est pas peu dire. Ce n'est donc
pas, à mon avis, un défaut, s'il pensait en français même quand il parlait en anglais. C'est au
contraire une qualité que j'estime fort, et j'ajouterai que je le trouve heureux de n'avoir jamais
pu s'en corriger ; car elle lui fait le plus grand
honneur.

Louis-Philippe avait mis son fils aîné, le duc de

Chartres (1), au collège Henri IV. Dix ans plus tard, l'Université rendait à son père ce fils bien-aimé qui était devenu, à une telle école, sous la direction de professeurs éminents, un des princes les plus accomplis de l'Europe. Le roi voulut appliquer à tous ses fils le plan d'éducation intellectuelle qui lui avait une première fois si bien réussi. Le duc d'Aumale entra donc aussi, comme ses autres frères, le duc de Nemours et le prince de Joinville, au même collège. Cuvillier-Fleury n'en demeura pas moins son précepteur. Mais au lieu de lui faire la classe, il l'y préparait en le suivant de près et en le guidant dans son travail personnel.

De prime abord le prince se plaça parmi les premiers élèves, grâce à la distinction, à la vivacité et à la culture de son esprit. Donnant là libre cours à son goût de l'histoire, il montrait déjà une certaine faculté de saisir au vif dans les récits historiques les évènements et les personnages, allant au relief non de la phrase, mais des caractères, peu sensible au bruit et peu touché du spectacle, mais cherchant dans la suite des âges les faits décisifs et les vrais hommes.

Ses professeurs en faisaient le plus grand cas ; car c'était un écolier modèle sous le rapport du

(1) Le fils aîné de la maison d'Orléans porta le titre de duc de Chartres jusqu'en 1830.

travail et de la conduite. Je ne veux pas dire par là qu'il était impeccable, la perfection absolue n'étant point de ce monde. Ainsi il pouvait arriver une fois que sa leçon fût moins bien sue ou sa composition latine plus écourtée qu'à l'ordinaire. Il raconte lui-même que, entraîné par la passion de la lecture, il avait caché un des romans de Walter Scott (1) sous son pupitre pour le lire pendant la classe ! Mais il ne dit pas s'il parvint à le lire sans accident ou s'il fut surpris dans sa lecture par son professeur. J'aime à croire qu'il n'eut à se reprocher que l'intention de goûter le fruit défendu et qu'après réflexion il prit le sage parti de remettre à un autre moment la lecture de son roman. Ce ne sont là du reste que des peccadilles qui ne tirent pas à conséquence et n'ôtent rien au mérite de l'écolier.

L'éducation intellectuelle que le duc d'Aumale recevait, comme ses frères, au collège était donc celle de tous les citoyens. Sans souci des prérogatives de sa naissance, il se mêlait de bon gré et même avec plaisir, sur les bancs de l'école, aux jeunes gens de son âge. Aussi simple et aussi

(1) Très célèbre romancier anglais (1771-1832) qui créa le *roman historique* ou du moins en fournit le modèle. Sous sa plume le roman devint une épopée familière où il combina, avec une extrême variété d'incidents dramatiques, les circonstances ordinaires de la vie et un certain héroïsme sans exaltation. Ses principaux romans sont l'*Antiquaire*, les *Puritains d'Ecosse, Ivanhoé, Quentin Durward*.

affable que son père, il ne montrait aucune fierté
à l'égard de ses condisciples, quelque humble que
fût la condition de leurs parents. Il était très fami-
lier avec tous, si bien que tous le traitaient d'égal à
égal, et il ne s'en offusquait pas, loin de là, puisqu'il était le premier à les tutoyer. Eux aussi le
tutoyaient, supprimant même la particule devant
son nom : ils l'appelaient *Aumale* tout court, comme
du reste on appelait les autres princes, *Nemours,
Joinville, Montpensier.* De plus il était très complai-
sant et très serviable. Aussi était-il sincèrement
aimé de tous. On l'abordait amicalement en ces
termes le matin, à son arrivée au collège : « Bon-
jour, mon vieux, comment vas-tu ? » Et il répon-
dait sur le même ton de familiarité. Les professeurs
pouvaient entendre un jour de composition : « Hé !
Aumale, il manque des pages à mon dictionnaire :
prête-moi donc le tien »; ou encore : « Quelle ma-
lechanche ! je viens de faire un énorme pâté d'encre
sur ma copie ; elle n'est vraiment pas présentable ;
il faut que je la recommence, et lestement, car je
risque de ne pas finir à l'heure ; Aumale, fais-moi
vite passer une feuille de papier »; et, pendant la
période des rhumes, en plein hiver : « Aumale, mon
vieux, tu tousses autant que moi ce matin ; veux-
tu la moitié de mon bâton de réglisse? Tu sais qu'il
est très bon. »

Quelques-uns de ses camarades, ceux avec lesquels il sympathisait le plus, allaient le jeudi ou le dimanche, sur son invitation, passer l'après-midi chez lui aux Tuileries. Ils y étaient reçus avec la plus entière cordialité et la plus grande simplicité, comme dans une bonne maison bourgeoise. Ils ne trouvaient là rien de ce cérémonial et de cette magnificence qui caractérisaient jadis la cour des rois de France, particulièrement celle de Louis XVI à Versailles. Ils ne rencontraient pas, comme le célèbre violoniste Alexandre Boucher, appelé en 1784 par la reine Marie-Antoinette près du Dauphin, à l'âge de six ans, pour le distraire par son précoce et prodigieux talent, la foule des gardes du corps, des suisses se mêlant aux laquais galonnés, aux seigneurs, aux officiers du palais en brillant costume, aux solliciteurs affairés, aux gens de la grande et de la petite écurie. La beauté du palais des Tuileries n'avait pour eux rien de comparable à la splendeur inouïe de la résidence royale de Versailles, qui produisit sur l'esprit du petit Alexandre Boucher une impression telle que, soixante ans plus tard, après avoir parcouru toutes les cours de l'Europe, il déclarait n'avoir jamais rien vu de pareil.

Et là, ces jeunes gens étaient traités en camarades, en véritables amis, bien différemment de ces enfants de bonne famille qui, attachés à la per-

Le jeune Duc d'Aumale joue avec ses camarades du collège
Henri IV, au palais des Tuileries.

sonne du Dauphin à titre de compagnons, avaient pour tâche d'amuser leur jeune maître, en conservant bien entendu la distance immense qui les séparait de lui. Aux Tuileries comme au collège, les rapports entre les princes d'Orléans et leurs condisciples étaient établis sur un pied d'égalité parfaite, et tous ensemble, sans distinction de naissance ni de rang social, sans autre considération que celle de leur bonne et franche camaraderie, s'amusaient comme des bienheureux.

En 1839 le duc d'Aumale était en rhétorique, lorsque, dans le courant de l'année, un inspecteur général nommé Ozaneaux vint examiner les élèves. Il interrogea le fils du roi qui répondit tellement bien qu'il le félicita très chaleureusement aux applaudissements de toute la classe.

A l'occasion de ce succès scolaire auquel la reine Marie-Amélie avait été particulièrement sensible, Cuvillier-Fleury écrivit la lettre suivante à l'inspecteur général Ozaneaux (1), dont le jugement avait grande importance ; car cet universitaire n'était point le premier venu :

(1) Ozaneaux, entré premier à l'Ecole normale supérieure, après avoir remporté le prix d'honneur en philosophie au concours général de 1812, débuta comme simple maître d'études au lycée Napoléon en 1814 et, grâce à son savoir autant qu'à la distinction de son esprit, s'éleva rapidement jusqu'au sommet de la hiérarchie universitaire.

« Monsieur,

« Je sais que vous avez inspecté la classe de rhétorique et que vous vous êtes occupé du duc d'Aumale avec beaucoup de bienveillance. J'avais à cœur de vous en remercier. Malheureusement, j'étais malade à l'époque où j'aurais pu vous rencontrer au collège Henri IV. Permettez que j'acquitte aujourd'hui cette dette de ma gratitude. Vous n'avez été que juste ; mais c'est une grande preuve d'impartialité et en même temps de bienveillance que d'être juste aujourd'hui envers les Princes. Tous les professeurs de l'Université n'ont pas ce mérite-là.

« Je désirerais bien vivement, Monsieur, pouvoir mettre sous les yeux de la Reine un témoignage aussi flatteur et aussi incontestable que le vôtre sur les études du duc d'Aumale. Je vous prie donc, si vous n'y voyez aucun inconvénient, de vouloir bien m'envoyer en quelques lignes l'expression de votre opinion sur le compte de ce jeune Prince. Vous devez comprendre le prix que j'attache à votre jugement, quel qu'il soit. On m'a dit (1) qu'il avait été publiquement favorable au duc d'Aumale. Si vous

(1) Cuvillier-Fleury avait appris indirectement l'heureuse issue de cette inspection pour le duc d'Aumale. Car, dans sa modestie, le jeune Henri n'en avait rien dit ni à sa mère ni à son précepteur.

aviez gardé quelque arrière-pensée que votre indulgence eût réservée, veuillez me le faire connaître. Nous avons besoin, nous autres précepteurs, qu'on nous dise la vérité sur nos élèves comme sur nous-mêmes ; notre amour-propre les enveloppe trop facilement sous les illusions qu'il se forme.

« Veuillez donc me parler du duc d'Aumale avec toute la franchise de votre esprit et de votre caractère.

« Agréez, je vous prie, l'assurance de mes sentiments distingués, avec lesquels j'ai l'honneur d'être votre très obéissant serviteur.

« *Aux Tuileries, 4 avril 1839.* »

L'inspecteur général répondit en ces termes à Cuvillier-Fleury :

« *Marseille, 6 avril 1839.*

« MONSIEUR,

« Je vous remercie beaucoup du prix que vous attachez à mon témoignage et je m'empresse de répondre à votre confiance.

« Oui, Monsieur, vous dites bien, dans les éloges que j'ai donnés publiquement à M. le duc d'Aumale, je n'ai été que juste. C'est à nous, surveillants supérieurs du corps enseignant, à faire ressortir le mérite partout où nous le rencontrons, fût-ce dans un prince. Quand le roi envoie ses fils au collège, il les soumet à la loi commune, aux récompenses comme au blâme, et je ne vois pas pourquoi je flatterais un sot préjugé pour n'avoir pas l'air de flatter le pouvoir.

« Au reste, Mgr le duc d'Aumale l'apprend chaque jour, et il a pu le remarquer en cette occasion, les masses sont toujours justes, si rien ne les intéresse à l'injustice ; quand je lui ai dit ce que je pensais de sa manière de composer et d'écrire, il y avait dans les cent jeunes gens qui m'écoutaient un assentiment manifeste.

« Voilà trois ans que je suis chargé de l'inspection du collège Henri IV, trois aussi que je préside le bureau d'histoire du concours général, par conséquent, je puis apprécier les progrès de votre jeune élève et les développements de son intelligence, que je me rappelle avoir jadis trouvée bien précoce et bien vive. Mais c'est surtout dans ces deux dernières années que j'ai remarqué ce que son jugement avait acquis de solidité et son goût de justesse.

« Ses connaissances en histoire ne sont pas seulement nombreuses, détaillées, précises, ce qui ne serait qu'une preuve de mémoire, mais classées dans un ordre logique, résumées en idées sommaires et supérieures, de manière à coordonner les faits dans une synthèse vraiment philosophique. La facilité avec laquelle il s'exprime quand on l'interroge sur cette belle partie de ses études est bien autre chose que de l'aisance d'élocution, c'est l'action d'une pensée prompte et juste. Je répondrais qu'il en est de même quand il compose : la forme ne l'occupe pas du tout ; il sait les personnages, il est à leur époque et à leurs idées, la parole lui arrive sans qu'il la cherche, naturelle, vraie.

« Je vous avoue, Monsieur, que cette façon d'écrire m'a toujours paru bien supérieure à la rhétorique des phrases et des métaphores, et dans ce que j'ai lu et entendu de Mgr le duc d'Aumale, j'ai trouvé les éléments de ce que j'appelle la *véritable éloquence*.

« Votre élève est loin de manier la langue latine comme la langue française, mais vous savez que j'attache pour lui peu d'importance à ce genre de succès, qui justement l'aurait rejeté dans une étude de formes, dans un matériel de langage, dont il n'a pas besoin. Il entend bien ses auteurs, il les traduit d'une manière satisfaisante ; rien, grâce à vous, ne lui sera étranger dans les littératures anciennes.

« L'Académie française serait fort en peine s'il lui fallait avoir le prix d'honneur (1) en rhétorique.

(1) A cette époque, le prix d'honneur était accordé en rhétorique au meilleur *discours latin*.

« Je me plais à vous le dire, Monsieur, comme je le dis à tout le monde, je regarde Mgr le duc d'Aumale comme un des rares et excellents élèves qui auront passé par nos collèges : il y a, selon moi, un bel avenir dans ce jeune prince, et il réalisera cette noble parole que le roi me disait en 1823, et que je n'oublierai jamais : « Je veux que mes enfants doivent à leur mérite au moins autant qu'à leur naissance le rang qu'ils tiendront dans leur pays. »

« Agréez, etc.

« Georges OZANEAUX. »

Cette lettre, qui valait mieux que tous les diplômes du monde, fut mise sous les yeux de la reine Marie-Amélie. Ai-je besoin de dire qu'elle combla de joie le cœur de cette tendre et sainte mère ? Car il en ressortait clairement que son cher Henri, ce cœur d'or qu'elle avait formé à son image, était, sous le rapport de l'intelligence et de l'instruction, un sujet d'élite.

Lorsque le duc d'Aumale eut achevé ses études d'enseignement secondaire, il se mit à suivre, en qualité d'étudiant, les cours de la Faculté des lettres de Paris, plus spécialement celui de poésie française qui était alors en même temps, grâce à l'ingénieuse finesse des rapprochements que faisait le professeur, un véritable cours de morale. C'est ainsi que de nouveaux travaux complétaient, après sa sortie du collège, la première et forte culture de son esprit.

Mais le temps marche vite, et les années doivent compter double dans la vie d'un prince, rien n'étant plus vrai que le vieux proverbe : *Noblesse oblige.* C'est dire qu'il faut qu'un prince se montre à la hauteur de sa naissance non seulement par la grandeur de ses sentiments mais encore par de viriles et courageuses actions. Il n'était pas du reste dans le tempérament et le caractère du duc d'Aumale d'accepter une réclusion volontaire dans l'étude. Fils d'un des vainqueurs de Valmy et de Jemmapes, il sentait que sa vie devait appartenir à l'activité militaire. D'ailleurs, les guerres continuelles et implacables, dont l'Afrique était depuis longtemps déjà le théâtre, pouvaient lui permettre de faire ses premières armes sous la direction de généraux expérimentés, de développer ses talents de soldat, de montrer sa vaillance autant que sa science de la stratégie, enfin d'acquérir, en servant avec intrépidité et dévouement la France sa bien-aimée patrie, une gloire impérissable.

EN AFRIQUE

CHAPITRE III

Le Soldat.

Premiers succès du Duc d'Aumale. — Son retour en France. — Attentat
contre sa vie.

J'ai dit, dans le premier chapitre de cet ouvrage,
que le roi Louis-Philippe avait accepté, comme
héritage de Charles X, la guerre en Afrique. On
sait, en effet, que la Restauration avait entrepris
la conquête de l'Algérie (1) pour venger une injure

(1) Entre l'île de Malte et le détroit de Gibraltar, la mer Méditerranée forme un bassin quadrangulaire, dont l'Italie et l'Espagne
occupent les côtés ; au nord la côte de France en forme le fond ; au
sud s'étend le littoral africain, qui regarde à droite la Sardaigne, à
gauche les îles Baléares. C'est sur ce littoral, entre l'empire du
Maroc et la Tunisie, que se trouve comprise l'Algérie. La capitale
du pays, Alger, avec son port et ses batteries, se dresse en amphi-
théâtre au-dessus du rivage redoutable sur lequel vinrent se bri-
ser, en 1541, les flottes de Charles-Quint. A l'ouest d'Alger, on
trouve Cherchell, Mostaganem, le port d'Oran et la vaste rade de
Mers-el-Kébir ; à l'est, Bougie, Stora, Philippeville, Bône, l'antique
Hippone de saint Augustin, et les riches pêcheries de perles de la
Calle. Entre Alger et Oran, la côte s'abaisse graduellement et se
déprime en descendant vers le sud-ouest ; entre Alger et Bône, les

faite à l'honneur national. Le dey ayant frappé de son éventail au visage le consul français à Alger, M. Deval, la marine française, sous les ordres du vice-amiral Duperré, avait bloqué Alger le 12 juin 1827, et une armée d'expédition, commandée par le lieutenant-général Bourmont, avait abordé le 14 juin 1830 à Sidi-Ferruch. Le dey d'Alger, forcé de capituler le 5 juillet, avait dû abandonner ses Etats.

Lorsque la Révolution de Juillet éclata, le pavillon français flottait sur les murs d'Alger ; mais au sud et à l'ouest, dans la province d'Oran, les Arabes nomades ou Bédouins étaient maîtres des plaines dans lesquelles ils erraient, transportant d'un endroit à un autre leurs tentes et leurs troupeaux ;

montagnes escarpées du Djurjura viennent baigner dans la mer leurs flancs taillés à pic et inabordables. Si l'on sort d'Alger, et que, tournant le dos à la Méditerranée, on s'avance dans l'intérieur des terres, on traverse d'abord une vaste plaine fertile en blé, en céréales de toute sorte, et qui, dans les temps anciens, était avec l'Egypte le grenier de Rome. Mais devant soi on voit se dresser des montagnes ; elles se replient à droite et à gauche en arcs-boutants, viennent rejoindre la mer et forment la ceinture demi-circulaire du Tell, le pays des moissons ; c'est la chaîne de l'Atlas, le mont qui porte le ciel, disaient les Grecs, pour donner une idée de sa hauteur. De ses pentes couvertes de forêts sortent de minces filets d'eau, changés l'hiver en torrents. Si l'on s'engage dans un des cols profonds qui traversent les montagnes, on se trouve dans la région des dattes et des *chotts* ou étangs salés ; plus au sud encore s'étend indéfiniment l'immense plaine de sable du Sahara, dont quelques oasis interrompent seules l'uniformité. Tel est l'aspect de ce beau et riche pays d'Afrique.

dans les villes, en particulier à Constantine (1), des beys, placés sous la suzeraineté nominale du sul-

tan, gouvernaient une population mélangée de Turcs et de Maures, de Juifs et de Berbères (2). Enfin, à l'est, les Kabyles étaient indépendants dans leurs villages, suspendus comme des nids

(1) Chef-lieu de la province du même nom, à l'est d'Alger. Cette ville s'élève sur une table de rochers, qu'enveloppent les eaux du Rummel ; elle est dominée au nord-est par le Sidi-Mécid, au sud-ouest par les hauteurs de Koudiat-Aty, au sud-est par le plateau de Mansourah.

(2) On appelle ainsi les indigènes de la côte septentrionale de 'Afrique. Ils sont sédentaires et agriculteurs.

d'aigles au bord des précipices, au milieu des montagnes.

Pour soumettre toutes ces populations énergiques et jalouses de leur indépendance, les Français avaient à lutter non seulement contre les hommes, mais encore contre un climat brûlant et des obstacles matériels aussi nombreux que redoutables, tels que l'absence de routes, le manque d'eau et de vivres, les montagnes dans lesquelles une petite troupe peut arrêter toute une armée, les plaines immenses et inconnues à travers lesquelles on poursuit un ennemi insaisissable, aussi prompt à se rallier et à tomber sur des hommes isolés qu'à fuir devant les colonnes réunies. Mais si la conquête était difficile, les avantages en devaient être magnifiques. Une fois soumise, l'Algérie deviendrait une seconde France, à quarante-huit heures de la mère-patrie, et en dépit de Malte (1) et de Gibraltar, la Méditerranée occidentale serait un lac français. De plus, les blés algériens, les fruits, les bois de construction, tous les produits de cette terre si féconde appartiendraient à la France. Telles étaient les considérations principales qui devaient décider le roi Louis-Philippe à poursuivre la conquête de l'Algérie.

(1) Cette île comme la place de Gibraltar appartient aux Anglais.

Au moment même où éclatait en France la Révolution de Juillet, le maréchal Bourmont faisait occuper Oran, à l'ouest d'Alger, et Bône, à l'est ; ces deux villes se rendirent sans aucune résistance. Dès que le maréchal apprit ce qui s'était passé à Paris, il alla rejoindre Charles X en exil. Le général Clauzel le remplaça. Bloqué dans Alger par les Arabes et les Kabyles que l'inaction de nos troupes avait enhardis, Clauzel comprit qu'il était indispensable de prendre l'offensive. Pour augmenter ses forces, il organisa les spahis avec des cavaliers indigènes et les zouaves avec des Kabyles de la tribu des Zouaoux. Provoqué par Bou-Meyrag, bey de Titteri, au sud d'Alger, il marcha contre lui avec 8,000 hommes, le chassa de Blidah et arriva au pied de l'Atlas, après avoir traversé la plaine de la Métidja. Là, il livra un brillant combat, franchit le col de Mouzaïa, et prit Médéah. Un nouveau bey, allié de la France, y fut placé. Promu au grade de maréchal de France, le général Clauzel quitta l'Algérie pour venir siéger dans la Chambre des députés. Il fut remplacé par le général Berthezène qui n'eut que le temps d'aller à Médéah porter secours au bey qu'y avait placé son prédécesseur, et à son retour il battit les Arabes qui tentaient de l'arrêter au col de Mouzaïa.

Son successeur, le général Savary, augmenta

l'armée par la création des tirailleurs indigènes, des chasseurs d'Afrique et de la légion étrangère. Il environna le territoire français d'une ligne de postes fortifiés, appelés *blockhaus* et remporta plusieurs victoires sur les Arabes. En 1833 le général Trézel enleva aux Kabyles le port important de Bougie qui fut énergiquement gardé par le commandant Duvivier.

Le 22 juillet 1834 une ordonnance royale donna à l'ancienne régence d'Alger le nom de *Possessions françaises dans le nord de l'Afrique*. Le général Drouet d'Erlon fut investi des pouvoirs civils et militaires, et le premier porta le titre de gouverneur général. Il allait avoir à lutter contre un terrible adversaire, Abd-el-Kader, à qui les Arabes avaient donné, pour sa piété et son courage, le titre de *marabout* et d'*émir* (1), et que d'un commun accord ils avaient pris pour chef. A la tête des Arabes de Mascara, Abd-el-Kader attaqua Tlemcen et Mostaganem dont la population turque s'était mise, depuis la prise d'Alger, sous la protection de la France.

Le général Desmichels, gouverneur d'Oran, intervint aussitôt et vint occuper Arzew. Toutefois, comme les forces dont il disposait, étaient peu considérables, il entra en négociations avec le chef

____

(1) *Marabout* signifie saint et *émir* prince.

des Arabes. Deux de ses officiers d'ordonnance allèrent signer avec l'émir le traité du 26 février 1834, aux termes duquel il conservait tout ce qu'il avait conquis. Mais la souveraineté de la France n'était pas reconnue dans le traité. Aussi le général Drouet d'Erlon désavoua-t-il le général Desmichels. Envoyé à Oran à la place de ce dernier, le général Trézel ne put empêcher l'émir d'occuper Milianah et Médéah. Il marcha contre lui avec 2,300 hommes et le rencontra à 40 kilomètres d'Oran. Les Arabes étaient six fois plus nombreux que les Français. Il fallut donc battre en retraite et s'engager dans une voie étroite, sur une longue et mince colonne, entre les marais qui bordent la Macta et des collines boisées. On essuya un nouvel échec. 400 Français furent tués. Les cavaliers d'Abd-el-Kader leur coupèrent la tête et regagnèrent leurs douars en portant triomphalement au bout des yatagans leurs sanglants trophées. Le maréchal Clauzel fut aussitôt envoyé en Algérie pour remplacer Drouet d'Erlon.

Accompagné du duc d'Orléans, il partit d'Oran avec 10,000 hommes le 26 novembre 1835. Abd-el-Kader l'attendait entre l'Habra et le Sig, appuyé à des bois et à des hauteurs escarpées. Les Français l'en délogèrent par une attaque impétueuse. Les Arabes découragés n'osèrent défendre Mascara, leur capitale. L'émir la quitta précipitamment. Les

Français y entrèrent de nuit ; mais elle était en feu : Abd-el-Kader l'avait incendiée avant son départ. Il alla alors attaquer Tlemcen dont les habitants étaient de fidèles alliés de la France.

Clauzel s'étant porté à leur secours, débusqua Abd-el-Kader de son camp et commença les travaux de retranchement qui devaient relier Tlemcen à Oran et à la mer. L'émir revint à la charge, et réussit à couper les communications entre le camp retranché des Français et la place de Tlemcen. Bugeaud, envoyé avec des renforts, ravitailla la ville, puis forçant le passage, accula à un ravin les cavaliers d'Abd-el-Kader, les tailla en pièces ou les précipita à bas des rochers et entra triomphant dans Tlemcen. Pendant ce temps là, le maréchal Clauzel avait vaincu les Kabyles au col de Mouzaïa.

Mais la France avait dans l'Algérie orientale un ennemi aussi dangereux qu'Abd-el-Kader à l'ouest : c'était Ahmed, le bey de Constantine, autrefois vassal du dey d'Alger, et depuis 1830 tout à fait indépendant. Clauzel obtint l'autorisation de l'attaquer et même on lui promit 30,000 hommes. On ne lui en donna que 9,000 et avec trois batteries seulement, après sept jours d'une marche pénible sous une pluie battante et continue, il arriva aux portes de la ville. Toutes les attaques échouèrent. Epuisés de faim et de froid, manquant de munitions, les

ALGÉRIE
MAROC
SAHARA
ATLAS SAHARIEN
PLATEAU des Ksour
PLATEAU
TELL
KABYLIE
Bône
Philippeville
Guelma
Constantine
Sétif
Batna
Aumale
Médéah
Blidah
Mélidja
Miliana
P. National
M. D. Jurjura
Portes de fer
Alger
Delly
Sidi Ferruch
Coléah
Teneg
Orléansville
Cheliff riv.
Mostaganem
Mazagran
Arzew
Nera el Kébir
Oran
Mascara
Mequin
Sidi bel Abbes
Sidi Brahim
Lalla Maghnia
Isly riv.
Tlemcen
Sebdou
Daya
Gd Chott
Schott el Harbi
Nakouia riv.
Tagdempt
Saïda
Plateau de Sersous
Tagguin
Plateau d'Aïssa
M. Oranensis
del Sbaa
M. du Hodna
M. du Zab
Cheliff riv.
Djelfa
Laghouat
Tougourt
M. du Hodna
Plateau
Biskra

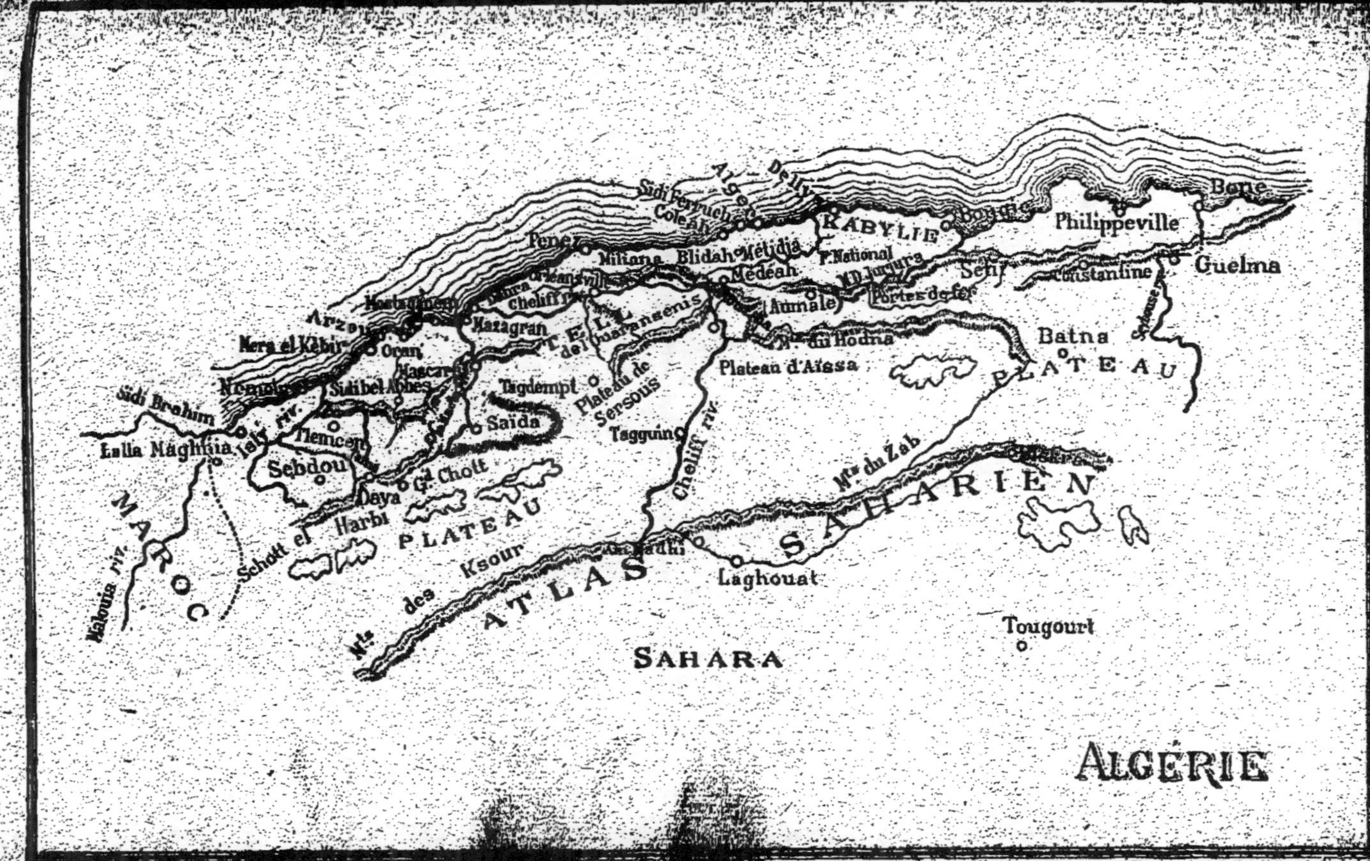

ALGÉRIE

Français durent se retirer. Mais, comme ils étaient enveloppés de toute part par une multitude d'Arabes, il leur fallut se former en carré et, sous le commandement de Changarnier, ils parvinrent à se frayer un passage à la baïonnette. A la suite de cet échec, le maréchal Clauzel fut rappelé, et le général Damrémont nommé gouverneur.

Le général Bugeaud envoyé à Oran entra en pourparlers avec Abd-el-Kader, dans l'intention de faire la paix avec lui, afin de pouvoir tourner contre Constantine toutes les forces disponibles. Un traité fut conclu, aux termes duquel l'émir reconnaissait la souveraineté de la France et comme possessions françaises Alger, la plaine de la Métidja, Mostaganem, Mazagran, Oran, Arzew et leurs territoires ; tout le reste du pays avec Titteri et Tlemcen lui revenait.

N'ayant donc rien à craindre pour le moment du côté d'Oran, le gouverneur général Damrémont se mit à la tête d'une seconde expédition contre Constantine. Il partit de Bône avec 13,000 hommes sous les ordres de plusieurs généraux, entre autres Valée, Trézel et le duc de Nemours. Le 6 octobre 1837, l'expédition arriva en vue de la place. Malgré la pluie, la tempête et le feu de l'ennemi, les Français s'emparèrent du plateau et du cimetière de Koudiat-Aty, qui dominaient la ville au sud.

Avant de donner l'assaut, le général Damrémont, ayant voulu examiner lui-même les lieux, s'avança à découvert sur le plateau de Koudiat-Aty et fut tué par un boulet de canon, comme Turenne en 1675 à Salzbach dans le grand duché de Bade. Son chef d'état-major, le général Perrégaux, ayant tenté de relever son cadavre, tomba à son tour mortellement frappé d'une balle à la tête. Le lieutenant-général Valée prit aussitôt le commandement en chef. Le lendemain vendredi, 13 octobre, nos troupes montèrent à l'assaut en trois colonnes, malgré une fusillade terrible. Le capitaine Garderens planta le drapeau tricolore sur la brèche et la ville fut envahie. Constantine était au pouvoir des Français. Le général Valée fut promu au grade de maréchal de France et nommé gouverneur de l'Algérie.

Maître de Constantine, le nouveau gouverneur voulut affermir la puissance française en Afrique par un déploiement imposant de forces militaires. Accompagné du duc d'Orléans, il alla par l'intérieur du pays de Constantine à Alger, en passant par Sétif et en traversant le petit Atlas au défilé du *Biban* ou des *Portes de fer* (1). Les indigènes interdits n'osèrent pas en défendre l'accès.

(1) On désigne sous ce nom un col étroit dominé par des rochers à pic d'une hauteur prodigieuse.

La France n'avait plus alors qu'un ennemi redoutable : Abd-el-Kader. Il prétendit que nos troupes en franchissant les *Portes de fer* avaient violé le traité (1) récemment conclu avec le général Bugeaud, et il reprit les armes à la fin de l'année 1839. Partout il avait prêché la guerre sainte, et pour stimuler davantage l'ardeur religieuse des Arabes, il avait fait vendre, sur la place publique de Mascara, ses bijoux et il en avait versé le prix dans le trésor destiné à combattre les infidèles. Les Kabyles se joignirent à lui. Le soulèvement devint général. Tous les centres habités par les colons étaient menacés. Plusieurs détachements français furent assaillis et massacrés sur différents points.

Au mois de février 1840, l'émir marcha sur Mostaganem avec son infanterie régulière et les contingents de quatre-vingt-deux tribus. A peu de distance de la ville s'élevait sur une hauteur le petit village de Mazagran. Le capitaine Lelièvre y était retranché dans un marabout (2) avec 123 chasseurs d'Afrique et une pièce de campagne. 12,000 Arabes les assaillirent avec acharnement pendant quatre jours sans parvenir à triompher de leur résistance

---

(1) On l'appelle le traité de Tafna, parce qu'il fut conclu sur les bords de cette rivière.

(2) Une sorte de chapelle desservie par un marabout ou prêtre musulman.

héroïque. Par une vigoureuse sortie de la garnison de Mostaganem, le lieutenant-colonel du Barrail contribua à dégager ces intrépides soldats. Le combat de Mazagran et la prise de Constantine étaient certainement jusqu'à ce jour les deux plus beaux faits d'armes de la campagne.

Le maréchal Valée, grâce aux renforts que la métropole lui avait envoyés, pouvait compter maintenant sur 65,000 combattants. Il projetait de punir Abd-el-Kader de son agression par quelque revanche éclatante.

Tel était l'état de nos affaires en Afrique, quand, en 1840, le duc d'Aumale s'embarqua à Marseille, accompagnant comme officier d'ordonnance son frère le duc d'Orléans, à qui la plus vive amitié l'unissait particulièrement.

Mais il ne faudrait pas croire qu'il venait de quitter les bancs de la Sorbonne. En vue d'accomplir son noble dessein, il avait préalablement fait les études théoriques et pratiques qu'il est nécessaire de faire pour exercer convenablement n'importe quelle profession. Le métier des armes ne s'improvise pas plus que tel autre du jour au lendemain. Car il ne suffit pas de vouloir, il faut encore pouvoir. Le duc d'Aumale voulait être soldat et bon soldat ; donc, pour pouvoir l'être, il s'y était préparé consciencieusement et résolument.

A l'âge de dix-sept ans, il était d'abord allé au camp de Fontainebleau, où il avait appris le métier de soldat avant de devenir officier ; puis, en raison de l'aptitude toute spéciale dont il avait fait preuve, le ministre de la guerre l'avait chargé de diriger à Vincennes l'école de tir, et, après avoir exercé pendant quelque temps ces fonctions à la grande satisfaction de ses chefs, il avait été promu, vers la fin de 1839, capitaine au 4ᵉ régiment de ligne.

Voilà quels étaient alors dans l'armée les états de service de ce jeune prince : on voit que, si son avancement avait été des plus rapides, il n'en avait pas moins gagné successivement ses grades par son seul mérite, et, remarquons-le bien, en débutant sous les drapeaux comme le plus humble des citoyens. Il y avait tenu avec raison et on peut dire que le roi Louis-Philippe y tenait autant que lui.

Il partait donc dans les meilleures conditions pour réussir : il avait la force physique, la force intellectuelle et la force morale. En effet, il était *armé physiquement*, étant vigoureux et robuste, très capable de supporter les rudes fatigues de la guerre. Il était *armé intellectuellement*, puisqu'il avait toutes les connaissances techniques pour faire un excellent officier. Enfin, et ce n'est pas le moins important, il était *armé moralement* : il possédait les grandes vertus de sa mère, et il avait pour égide ses derniers et salutaires conseils dictés par l'affection la plus profonde, la sagesse la plus haute, le spiritualisme chrétien le plus élevé.

A leur arrivée en Algérie, les ducs d'Orléans et d'Aumale trouvèrent le maréchal Valée en train d'organiser une marche hardie contre Médéah, la capitale de l'ancienne province de Titteri, située sur un des plateaux de l'Atlas, et dont Abd-el-Kader avait fait un des centres les plus redoutables de sa puissance. Le général Clauzel s'était une première fois emparé de cette ville ; mais, par insuffisance de force, les Français avaient été depuis dans la nécessité de l'abandonner. On ne peut y parvenir qu'en suivant, par la vallée de la Chiffa, une route très difficile, coupée de ravins et de défilés dont le plus connu est la Téniah de Mouzaïa. L'émir avait encore accru ces obstacles matériels par de nombreux travaux de défense, comptant bien arrêter de la sorte la marche de notre armée. Il avait établi sur toutes les hauteurs des redoutes reliées entre elles, et sur l'une presque inaccessible, un petit fort véritablement imprenable. Il avait couvert de batteries les crêtes voisines et garni le col de canons. De plus, il avait réuni sur ce point toutes ses troupes régulières.

Le maréchal Valée partit de Blidah avec 10,000 hommes, accompagné des ducs d'Orléans et d'Au-

Combat sur les bords de la rivière de l'Affroun.

male, franchit la Chiffa, dégagea Cherchell où le commandant Cavaignac était bloqué par les Kabyles, et, à marche forcée, se dirigea sur Médéah. Abd-el-Kader s'était posté avec quelques troupes en avant de ses lignes. Une partie de la division d'Orléans le rencontre sur la rivière de l'Affroun ; le duc d'Aumale culbute sa cavalerie et poursuit, l'épée dans les reins, l'émir qui se réfugie à la hâte dans ses retranchements. Ce jeune prince venait de faire ainsi fort vaillamment ses premières armes. L'autre partie de la division, commandée par le duc d'Orléans, rejoint la première et arrive avec elle au col de Mouzaïa. Il faut gravir la montagne de rocher en rocher, au risque d'être précipité dans les abîmes, sous le feu d'un ennemi auquel on ne peut pas répondre et qui tient ferme à chaque plateau. La considération de ces dangers n'arrête pas un instant le prince royal, qui donne l'ordre de l'attaque. La division se partage en trois colonnes. La première commandée par Changarnier aborde et occupe sur la droite trois redoutes, reprend haleine à la faveur d'un nuage qui la cache aux yeux des Arabes, puis arrive à la hauteur qui semblait inaccessible. C'est évidemment la plus formidable des positions. Elle n'en est pas moins emportée, malgré la résistance désespérée de l'ennemi. Pendant ce temps-là, l'autre colonne commandée par La Moricière opère la même manœuvre sur la gauche et s'empare successivement des redoutes. Mais tout à coup elle se trouve séparée par une gorge abrupte d'un retranchement qu'on n'a pas aperçu et d'où les Arabes l'accablent sous la fusillade et la mitraille. Il y a un moment d'angoisse ; mais on entend les clairons de Changarnier sur les derrières de l'ennemi. Aussitôt les deux colonnes courant au-devant l'une de l'autre opèrent leur jonction et avec une impétuosité irrésistible s'emparent des dernières positions. Le duc d'Aumale, en entraînant ses hommes dans un commun élan de bravoure et d'intrépidité, avait puissamment contribué à cette brillante victoire. Les Arabes se mirent en pleine retraite et le maréchal n'eut qu'à se présenter devant Médéah, pour l'occuper sans coup férir, le 12 mai 1840.

Ces deux beaux faits d'armes (1) firent conférer au jeune prince dans la même année les grades de chef de bataillon et de lieutenant-colonel.

Au mois de janvier 1841, le maréchal Valée fut remplacé par le général Bugeaud, et l'armée portée à 80,000 hommes. Sommé de se soumettre, Abd-

____

(1) Ils ont été reproduits avec éclat par la peinture ; on peut voir dans la galerie historique de Versailles, deux magnifiques tableaux représentant l'un le *Combat de l'Affroun*, l'autre celui de la *Mouzaïa*.

Combat au col de la Mouzaïa.
D'après BELLANGER (Musée de Versailles).

el-Kader répondit au général français : « Le préju-
dice que votre armée fait à la fertile Afrique, dans
laquelle elle trace son pénible sillon, est plus léger
que celui qu'éprouve l'Océan, quand l'hirondelle
de mer plonge dans ses eaux pour y prendre un
poisson. » L'émir ne pouvait répondre par un défi
plus dédaigneux. Le canon seul était capable de lui
faire entendre raison. Bugeaud continua donc la
campagne si bien menée jusqu'ici par son prédécesseur. Et, malgré la chaleur, les mouvements
rapides et le courage désespéré de leurs adversaires,
les Français, grâce maintenant à leur grand nombre et à des opérations bien combinées, ne cessèrent
plus de s'avancer victorieusement vers l'ouest et
vers le sud.

Atteint par les fièvres, en dépit de sa robuste
constitution, le duc d'Aumale dut se résoudre, bien
qu'il lui en coûtât beaucoup, à se séparer momentanément de son corps et à quitter l'Algérie pour
regagner le pays natal. Il traversa la France, à la
tête de son régiment, le 17e léger, rappelé à Paris,
au milieu des ovations de tout genre et des accla-
mations de la foule enthousiaste. Il passa à Mâcon
où il séjourna vingt-quatre heures. Ma mère habitait alors l'hôtel de la préfecture, mon père étant le
secrétaire du préfet, M. Delmas. Elle eut la bonne
fortune de le voir au grand bal que le préfet donna

en son honneur dans ses salons, et, plus tard, elle m'en fit une description qui ne s'est point effacée de ma mémoire. Maigre, mince, fluet même, il avait un cachet de grande distinction. Son visage, presque imberbe, mais mâle et bruni par le soleil d'Afrique, éclairé par un beau regard plein de noblesse et de loyauté, respirait la résolution et l'énergie. Sa mise, ses manières, son langage, tout, dans sa personne, dévoilait une extrême simplicité. Il était bien de ces nobles cœurs qui ont pour devise : *Vie simple et pensée haute.*

On attendait à Paris avec la plus vive impatience l'arrivée du 17ᵉ régiment d'infanterie légère et de son chef dont la jeunesse n'avait d'égale que la vaillance.

Des fêtes magnifiques avaient été organisées pour célébrer le retour de ces héros d'Afrique. On ne pouvait oublier que le 17ᵉ léger était resté six ans en Algérie, qu'il s'était brillamment conduit à l'assaut de Constantine et dans plusieurs engagements sous la direction du duc d'Aumale. Il rapportait un drapeau criblé de balles à Tlemcen, aux Portes de Fer, à Oran, à Bône, au col de Teniah, à Boghar.

Le 13 septembre, le régiment quittait Corbeil, à sept heures du matin. Le duc d'Aumale, accompagné des ducs de Nemours et d'Orléans, marchait en tête se dirigeant vers Paris par Saint-Mandé et l'avenue de Vincennes. A la barrière du Trône, ils furent reçus par le lieutenant-général Darriule, commandant le département de la Seine et la place de Paris, suivi de son état-major, auquel s'étaient joints un grand nombre d'officiers supérieurs de la garnison de Paris et d'officiers généraux, entre autres Changarnier et Bedeau.

La foule était si compacte que le générat Darriule ne put que difficilement frayer un passage au 17ᵉ régiment. Le duc d'Aumale avait à sa droite le duc de Nemours ; à sa gauche, le duc d'Orléans. La garde municipale ouvrait la marche, la fermait et formait la haie.

Les assistants étaient enthousiasmés, en voyant défiler ces hommes au teint basané, à la figure amaigrie, dénotant les souffrances subies là-bas. La capote relevée en pointe par-derrière, le pantalon garance serré dans des guêtres de toile blanche, la cartouchière servant de ceinture et le shako rouge, tel était leur costume illustré sur les champs de bataille de l'Algérie. Plus la colonne se rapprochait de Paris, plus l'effervescence du peuple augmentait. Soudain, à la hauteur de la rue de Charonne, un coup de feu tiré presque à bout portant sur le duc d'Aumale tue le cheval du lieutenant-colonel Levaillant et blesse à l'épaule celui du général Schneider. Après un moment de stupeur, la première compagnie de carabiniers fit un rapide mouvement. — « L'arme au pied ! » commande le duc d'Aumale. — « Que personne ne bouge ! » crie de son côté le duc d'Orléans. — Sans la présence d'esprit des princes, un malheur irréparable se fût certainement produit.

Le duc d'Aumale, qui avait dix-neuf ans, frisa sa petite moustache naissante. Froid, calme, à peu près impassible, il vit bientôt arrêter le misérable fanatique qui s'imaginait stupidement faire le bonheur de ses concitoyens en assassinant le quatrième fils de Louis-Philippe. Le jeune prince finit même par sourire en disant : « Il paraît qu'on commence à me compter pour quelque chose, puisqu'on veut me tuer. » L'individu, qui avait tiré, s'appelait Quénisset ; il avait vingt-sept ans et exerçait la profession de scieur de long. Il se disait ennemi des tyrans et il avait des complices, dont les principaux étaient : Colombier, marchand de vins, Brazier, menuisier, Petit et Jarrasse, ébénistes, Dufour, sans profession avouable, Boggio, serrurier, Mallet, cordonnier, Boucheron, autre scieur de long, Launois, sujet belge, monteur en cuivre, Dupoty, rédacteur en chef du journal *le Peuple*, Bazin, garçon de cuisine.

Quénisset, Colombier et Brazier furent condamnés

Rentrée à Paris. — L'attentat.

à la peine de mort ; Petit, Jarrasse et Dufour, à la déportation ; Boggio et Mallet, à quinze ans de détention ; Boucheron et Launois, à dix ans ; Dupoty et Bazin, à cinq ans de la même peine.

Le duc d'Aumale supplia son père de gracier les trois condamnés à mort, montrant déjà ainsi que dans une grande âme tout est grand ; les ducs de Nemours et d'Orléans joignirent leurs instances aux siennes. Le roi se rendit volontiers à la prière de ses fils : il déporta Quénisset et envoya aux travaux forcés à perpétuité Colombier et Brazier.

CHAPITRE IV

Retour du Duc d'Aumale en Afrique. — Continuation de ses opérations militaires. — La *Smala*. — Grande victoire remportée sur Abd-el-Kader. — Le Duc d'Aumale gouverneur général de l'Algérie. — Son départ pour l'exil à la Révolution de Février.

Le duc d'Aumale, déjà mieux depuis qu'il avait mis le pied sur le sol français, compléta à Courbevoie son instruction militaire, et, dès qu'il fut remis, il repartit où le devoir l'appelait, c'est-à-dire en Algérie.

Les montagnards de l'Ouaransenis, encore insoumis, avaient ravagé la vallée du Cheliff, parcourue par des tribus soumises, au secours desquelles le général Changarnier s'était porté avec vigueur. Il avait atteint les agresseurs près d'El-Esnam et les avait refoulés dans la vallée de l'Oued-Foddha. Très large à son confluent avec celle du Cheliff, cette vallée se rétrécit peu à peu vers l'Ouaransenis, au point de ne plus être formée que par le lit du ruisseau qui coule entre deux escarpements.

Le général Changarnier, qui connaissait mal le terrain, s'y enfonça, croyant qu'il pourrait en sortir facilement. Mais, à l'endroit où il est le plus resserré, il essuya des deux rives une vive fusillade. Ne voulant pas reculer, il éprouva des pertes sensibles, jusqu'au sommet où il atteignit enfin, toujours en combattant, les premiers plateaux de l'Ouaransenis. Il put alors déployer ses troupes et reprendre l'avantage. Puis, pendant que l'ennemi se massait pour lui barrer le retour, il lui échappa par une marche de nuit très hardie, se jeta sur les tribus hostiles et leur infligea de telles pertes qu'elles furent forcées de déposer les armes.

Alors pour obtenir la soumission définitive de toute la contrée de l'Ouaransenis, le gouverneur général Bugeaud lança sur elle plusieurs colonnes qui, par leurs mouvements combinés, devaient refouler sur le plateau central toutes les populations, en ne leur laissant comme moyen de salut qu'une soumission complète et sans conditions. Il prit lui-même le commandement en chef. A la tête des troupes était le duc d'Aumale qui, à peine âgé de vingt ans, venait d'être promu au grade de maréchal de camp. Successeur du général Coman à Médéah, il avait sollicité instamment, comme une faveur, de faire partie de cette expédition, et le gouverneur général lui avait confié la direction de toute son infanterie. Bugeaud n'eut pas à le regretter, car le jeune prince royal s'acquitta à souhait de cette haute et difficile mission : il y eut de

sérieux engagements et le succès couronna pleinement ses efforts. Toutes les opérations de guerre
réussirent à merveille et l'avantage resta définitivement aux Français.

Le duc d'Aumale aimait avec passion le métier
des armes et il l'exerçait en conscience, le plus
scrupuleusement possible. Il était peut-être, sous
ce rapport, observateur trop rigoureux des règle-
ments jusque dans leurs moindres détails. Le général Bugeaud n'eut jamais d'autre reproche à lui
faire. Un jour, en arrivant au bivouac, près du
pont de Cheliff sous Milianah, il trouva que le
prince s'appliquait trop minutieusement à obtenir
de ses bataillons un alignement parfait, avant de
faire former les faisceaux, et il eut le tort de le
blâmer très durement devant ses hommes. Les soldats en souffrirent pour leur chef qu'ils aimaient
beaucoup, malgré ses exigences ; car il était très
simple et très bon : il vivait de leur vie, couchant
comme eux sous la tente, partageant leurs fatigues,
leurs privations et leurs périls, toujours plus soucieux de leur vie que de la sienne. Il leur faisait
tout le bien possible, cherchant constamment le
moyen d'améliorer leur sort, de rendre leur condition plus douce.

Le duc d'Aumale ne conserva aucun ressenti-
ment de ce brusque et injuste blâme, adressé si

maladroitement en présence de ses subordonnés, pourtant bien fait pour exciter l'indignation et la rancune d'une âme moins haute et moins généreuse ; car il témoigna toujours dans la suite au maréchal Bugeaud, son chef militaire, autant de déférence que d'attachement.

Après l'expédition de l'Ouaransenis, le prince royal alla prendre possession de son commandement de Médéah et l'exerça avec la plus grande supériorité, grâce non seulement à une activité et une assiduité bien méritoires chez un si jeune homme mais aussi à sa situation de fils du Roi qui rendait ses rapports plus faciles avec les Arabes si respectueux de toutes les dignités. Bientôt il comprit la nécessité d'occuper le poste de Boghar, très important par sa situation avancée vers le sud. Boghar avait été le siège d'un des établissements militaires d'Abd-el-Kader, et, en 1841, le général Baraguey-d'Hilliers l'avait détruit de fond en comble. Le duc d'Aumale y plaça le commandant Carbuccia, officier d'une activité sans pareille, et, sous sa vigoureuse impulsion, Boghar ne tarda pas à sortir de ses ruines. Mais cette occupation permanente produisit, comme il arrivait toujours en semblable occasion, une grande effervescence parmi les tribus voisines. Il s'ensuivit des soulèvements qu'il fallut réprimer. La tribu des Oulad-Antar,

Le Duc d'Aumale à vingt ans.

très proche de Boghar, se distinguait plus encore
peut-être que les autres par ses actes de rébellion.
Le général Bugeaud mit alors à la disposition du
duc d'Aumale le colonel Yusuf, un brave entre tous,
avec trois escadrons de spahis ; au nombre des
plus jeunes officiers se trouvait un ancien maréchal des logis de spahis nommé du Barail, devenu
depuis général. Ces cavaliers partirent de Blidah
pour aller rejoindre à Médéah la petite colonne que
le prince royal mettait en campagne. Mais comme
la route de la Chiffa était impraticable par suite
d'éboulements, ils passèrent par le col de Mouzaïa
et encore bien difficilement, parce que la pluie avait
détrempé le terrain. Quand il l'eut franchi, Yusuf
établit son campement sur le plateau des Réguliers
et envoya à Médéah du Barail pour demander au
duc d'Aumale s'il avait besoin de son concours
immédiat. Le prince le reçut avec la plus grande
cordialité, lui répondit qu'il n'était pas pressé à
cause du mauvais temps, et lui fit servir un très
bon dîner pour le remettre de sa fatigue. Yusuf
arriva le lendemain avec ses hommes, et, dès que le
temps le permit, l'expédition gagna Boghar et de
là s'étendit dans la région des Oulad-Antar, les plus
ardents des rebelles, qu'elle réduisit promptement.
Parmi les prisonniers que firent les spahis, se trouvait un vieux marabout. Le colonel Yusuf l'inter-

rogea avec beaucoup d'habileté et lui ayant entendu prononcer le mot de *Smala* tout nouveau pour lui, il l'amena, sans avoir l'air d'y attacher la moindre importance, non seulement à lui dire ce que ce mot signifiait, mais encore à lui donner des explications étendues à ce sujet.

C'est ainsi que Yusuf apprit que la *Smala* était la capitale ambulante de l'empire nomade d'Abd-el-Kader : elle consistait en une agglomération de douars contenant en tout plus de quarante mille personnes. Ces douars étaient répartis dans quatre enceintes circulaires, formant quatre rangs de tentes, au centre desquelles s'élevait celle du chef suprême, Abd-el-Kader. Cette tente renfermait tous les biens les plus précieux de l'émir, sa famille, ses archives, ses provisions de guerre, ses troupeaux, ses ateliers de réparations. Avec un bataillon d'infanterie régulière et de nombreux cavaliers, Abd-el-Kader veillait lui-même à la sécurité de cette *ville monstre* qui, grâce à la cohésion et à l'ordre qui régnaient dans toutes ses parties, circulait facilement à travers la province d'Oran.

L'armée d'Afrique avait ignoré jusque-là l'existence de cette *capitale mobile*, unique en son genre dans l'histoire des peuples.

Yusuf comprit toute l'importance d'une telle révélation et alla immédiatement en faire part au duc d'Aumale. Celui-ci, en le félicitant de son adresse, le remercia très sincèrement de l'importante découverte qu'il venait de faire. Car, comme le colonel, il voyait bien que les Arabes n'étaient puissants que parce qu'ils étaient insaisissables et parce qu'ils croyaient et faisaient croire à tout le pays que, pour échapper à nos coups, il leur suffisait de s'enfoncer dans le sud ; et il arrivait naturellement à cette conclusion que, s'il pouvait s'emparer de la *Smala*, il ruinerait sûrement la puissance et le prestige d'Abd-el-Kader.

A partir de ce moment le duc d'Aumale médita sans cesse cette grave question. De son côté, le colonel ne pensa plus qu'à prendre la *Smala*. Mais le général Bugeaud n'avait alors qu'une seule préoccupation, celle d'aller fonder, sur les immenses ruines romaines d'El-Esnam, au bord du Cheliff, un grand établissement qu'il comptait appeler Orléansville. La création d'un tel établissement nécessitait des travaux considérables et de longue durée. Bugeaud voulut voir par lui-même si on était dans des conditions favorables pour les exécuter et il se rendit sur les lieux. Il constata que les populations voisines étaient calmes et animées des sentiments les plus pacifiques. Tout à fait satisfait de son enquête, il prêta une oreille attentive à la communication si importante que le duc d'Aumale lui fit au sujet de la *Smala*, et approuvant pleinement son hardi projet dont la réalisation devait accroître la force et la grandeur de la France en assurant la soumission définitive de toutes les tribus arabes, il lui accorda l'autorisation de diriger, dans le sud de l'Algérie, une expédition comme il l'entendrait. Le duc d'Aumale avait donc toute liberté d'agir à son gré, et pour la seconde fois les spahis étaient mis à sa disposition. D'autre part, le général La Moricière recevait l'ordre de se porter sur Frendah, afin de s'y tenir en observation et de seconder, à l'occasion, les mouvements du prince royal.

Le duc d'Aumale composa de la sorte sa colonne d'expédition :

1° Deux bataillons du 33° de ligne, commandés par un brave, le colonel Camou ;

2° Un bataillon de zouaves, commandé par le lieutenant-colonel de Chasseloup-Laubat ;

3° Quatre escadrons du 4° chasseurs d'Afrique, sous la direction du lieutenant-colonel Morris ;

4° Un escadron du 1er chasseurs d'Afrique, conduit par le lieutenant Litchlin ;

5° Quatre escadrons de spahis, commandés par le colonel Yusuf ;

6° Un fort détachement de gendarmerie, dirigé par le lieutenant Grosjean ;

7° Deux sections d'artillerie de montagne, commandées par le capitaine Aubac ;

8° Un goum (1) de trois cents cavatiers arabes, commandé par un cheik dont la fidélité à la France était éprouvée. Ces cavaliers arabes devaient servir d'éclaireurs.

Un bureau arabe était attaché à l'expédition ; le colonel Yusuf en était de fait le chef ; car il avait pour mission spéciale de transmettre directement et sur l'heure au prince royal tous les renseignements que le bureau arabe recueillerait.

Le duc d'Aumale s'était réservé le commandement en chef de cette armée. Il avait pour premier aide de camp le commandant Jamin, pour second le capitaine de Beaufort d'Hautpoul et pour officier d'ordonnance le capitaine de Marguenat.

La colonne expéditionnaire partit de Médéah le 2 mai 1843, passa par Boghar où l'attendaient tous les approvisionnements nécessaires ainsi que beaucoup de bêtes de somme, et se dirigea vers le sud, sans avoir un point bien déterminé. Car aucun Arabe ne voulait ou n'osait faire connaître où était la *Smala*. Du reste toutes les tribus fuyaient à l'approche de nos soldats qui marchaient en avant avec patience et courage, malgré un soleil brûlant,

(1) On appelle ainsi un contingent d'hommes armés fourni par une tribu arabe.

à travers d'immenses plaines de sable, sans rencontrer un être.

Après quelques jours de marche au milieu de cette solitude, le colonel Yusuf remarqua que, dès que la colonne se mettait en mouvement à la suite d'une halte, des feux s'allumaient de loin en loin sur les monticules comme pour indiquer la route suivie par les Français. Ces feux ne pouvaient donc être que des signaux. Le tout était de mettre la main sur ceux qui les allumaient. Le colonel chargea le plus intelligent et le plus adroit de ses maréchaux des logis de surprendre ces Arabes à la dévotion d'Abd-el-Kader, et le jeune sous-officier fut assez heureux pour tomber sur un groupe de cavaliers de la tribu des Rhaman, au moment où ils descendaient de cheval pour allumer les feux ; il en saisit douze qu'il ramena prisonniers.

Pour le colonel, le meilleur moyen de mettre fin à ce système d'avertissement si préjudiciable à nos troupes était de passer par les armes leurs auteurs ; il pensait que la grandeur du châtiment jetterait l'épouvante parmi les tribus arabes et les empêcherait de rendre ce genre de service à Abd-el-Kader.

Le duc d'Aumale penchait pour la clémence. Mais, dans le conseil que les officiers tinrent pour décider du sort des prisonniers, l'opinion de Yusuf prévalut, et onze d'entre eux furent fusillés.

Le plus jeune seul fut épargné et mis en liberté pour aller répandre dans les tribus voisines la nouvelle de l'exécution. Le terrible châtiment eut le résultat attendu : à partir de ce jour, les feux ne s'allumèrent plus, et le corps expéditionnaire put atteindre, le 14 mai au soir, le petit village arabe Goudjilah, situé sur une colline abrupte, sans que personne signalât son arrivée. Les habitants, pressés de questions, fournirent, sous l'empire de la crainte, quelques renseignements. Ils savaient ce que c'était que la *Smala*, dont tous les Arabes avaient paru jusqu'alors ignorer l'existence. Quoiqu'ils ne donnassent que de très vagues indications, le duc d'Aumale continua d'avancer dans la même direction.

Après une marche assez longue, on fait halte près d'une petite oasis, où se trouvait par hasard un petit nègre, à la mine éveillée, qui n'avait pas, comme on dit communément, la langue dans sa poche. Un membre du bureau arabe le fait causer aisément : l'enfant raconte qu'il a des parents dans la *Smala*, qu'elle est présentement en train de joindre Djebel-Amour, région entourée de montagnes.

On se remet en marche avec plus d'ardeur, car on espère atteindre bientôt cette foule d'insaisissables ennemis dans leur ville mobile. Après une nouvelle halte, pendant laquelle le duc d'Aumale prend ses dernières dispositions et donne aux chefs des différents corps des instructions particulières pour l'attaque de la *Smala* qu'il projette depuis si longtemps, on repart, mais cette fois-ci dans l'ordre de bataille : La colonne était divisée en deux parties se suivant de très près : la première commandée directement par le Prince, et comprenant toute la cavalerie, les deux sections d'artillerie de campagne et le bataillon de zouaves sans sacs afin qu'ils pussent se mouvoir plus lestement. Ils avaient même à leur disposition assez de mulets pour aller par moitié tantôt à dos de mulets, tantôt à pied ; ils évitaient de cette façon la trop grande fatigue et seraient plus dispos pour le combat. La seconde partie, commandée par le colonel Camou, était composée des deux bataillons de ligne qui escortaient et protégeaient le convoi.

Le corps expéditionnaire marche dans cet ordre jusqu'au jour à travers une solitude complètement inconnue. Alors le duc d'Aumale commande à la cavalerie d'aller au trot ; elle distance bientôt les zouaves qui se débarrassant de leurs mulets forment à présent une nouvelle fraction à laquelle l'artillerie s'est jointe.

On avance de plus en plus dans la direction de Djebel-Amour et bientôt on aperçoit dans le loin-

tain la cime des montagnes sous forme de masses
bleuâtres. On trotte pendant trois heures et la
Smala n'apparaît toujours pas. C'est à croire vraiment que prévenue par d'invisibles espions elle fuit
devant les Français. Et en effet Abd-el-Kader s'entourait des plus grandes précautions pour dépister
nos troupes.

Il fait une chaleur étouffante, accrue encore par
un vent embrasé soufflant du sud. On marche pour
ainsi dire sans interruption depuis vingt-neuf
heures. Les hommes et les chevaux sont à bout de
forces. On a surtout besoin d'eau. Hélas ! il n'y en
a point. Quand en trouvera-t-on ?

La situation est vraiment critique, et le duc
d'Aumale, malgré sa belle ardeur et son sang-froid,
commence à s'inquiéter ; car il sent le poids de la
lourde responsabilité qui pèse sur lui. Que vont
devenir ses soldats, ses chers compagnons d'armes,
comme il les appelle, si dans l'état où ils se
trouvent, ils sont forcés de marcher longtemps
encore ? La colonne peut-elle revenir sur ses pas ?
Evidemment non. Dans les conditions actuelles,
une retraite deviendrait un désastre. D'autre part,
il se rend compte du grand danger qu'il va courir,
si le hasard lui fournit l'occasion d'entreprendre
dans quelques heures, avec quelques escadrons
de cavalerie exténués de fatigue, l'attaque de la

Smala qu'Abd-el-Kader défendra certainement à la tête d'une masse de solides guerriers frais et dispos. Il se décide donc à suspendre, pendant un jour, sa course à la poursuite de l'introuvable capitale, de manière à donner aux hommes et aux animaux le temps de reprendre quelques forces. C'est pour lui une question d'humanité autant que de prudence.

Sur les indications du cheik commandant le goum, il donne l'ordre à la colonne de se diriger du côté de l'est, vers Aïn-Taguin (1), où se trouve la source la plus proche. On s'oriente donc et sur-le-champ on se met en marche pour Aïn-Taguin. On avance péniblement, aveuglé par la poussière sablonneuse que soulève un vent violent, le brûlant simoun.

Tout à coup les cavaliers du goum, qui précèdent la colonne en éclaireurs, font volte-face et, bride abattue, reviennent sur le gros de l'armée en criant : « La *Smala !* la *Smala !* » Leur chef arrive le dernier et annonce au colonel Yusuf que la *Smala* tout entière est campée près de la source de Aïn-Taguin. L'émotion est grande. Alors le colonel, guidé par le cheik et accompagné de quelques spahis intrépides, se porte au galop sur une hau-

(1) C'est sur la lisière des départements actuels d'Alger et d'Oran.

teur d'où on peut embrasser d'un coup d'œil les milliers de tentes qui vont constituer dans un instant l'empire d'Abd-el-Kader au milieu du désert ; car les Arabes sont en ce moment occupés à les dresser. C'est un pêle-mêle étrange et tumultueux d'hommes, de femmes, d'enfants, de chevaux, de moutons, de mulets, qui vont et viennent en tous sens à travers une plaine immense. La scène a quelque chose d'imposant et de fantastique ; car le burnous uniformément blanc donne de loin à cette innombrable population l'aspect de fantômes.

Yusuf fait immédiatement prévenir le duc d'Aumale qui envoie son officier d'ordonnance pour s'assurer que le colonel n'est pas le jouet d'une illusion. Le capitaine de Marguenat revient un moment après et déclare au Prince qu'on ne saurait dire si c'est un campement arabe ; car il y a beaucoup de tentes blanches comme celles d'un camp français. Il pensait en effet que Yusuf avait pris pour le camp d'Abd-el-Kader celui du général de La Moricière arrivé peut-être là pour prêter main forte au corps expéditionnaire du duc d'Aumale. Il ne pouvait se résoudre à croire qu'on avait surpris la *Smala* en station.

Yusuf de retour affirme que c'est bien le camp d'Abd-el-Kader et pour plus de sûreté il retourne avec son escorte à son poste d'observation. Le capitaine de Marguenat, qui l'accompagne, est bien obligé cette fois de se rendre à l'évidence. Ce n'est point un camp français mais bien un camp arabe qu'il a sous les yeux, et ce campement qui s'étend à perte de vue, véritable fourmilière de gens et de bêtes, ne peut être que celui d'Abd-el-Kader.

Après cette dernière reconnaissance, le colonel éperonne son cheval, et, au triple galop, se rend auprès du duc d'Aumale pour confirmer la nouvelle. Plus de doute... La colonne expéditionnaire est à un kilomètre seulement de la *Smala*, si longtemps rêvée et recherchée !

— Monseigneur, dit alors Yusuf, c'est effrayant, mais il n'y a plus moyen de reculer.

— Que voulez-vous dire par là ? répond le duc d'Aumale, avec autant de calme que de fermeté. *Je ne suis pas d'une race habituée à reculer.*

Telle est la sublime et énergique profession de foi du duc d'Aumale en présence de toutes les forces réunies d'Abd-el-Kader. Avec deux mille hommes il a à combattre trente mille ennemis ! Peu lui importe. *Il n'est pas d'une race habituée à reculer.* Et s'il faut mourir, il mourra sans hésitation, sans l'ombre d'un regret, avec bonheur même pour le salut et la gloire de la France.

C'est le propre de l'héroïsme au service de la patrie.

Le Prince réfléchit maintenant à la manière dont il doit attaquer la *Smala*. Il est certain que les Arabes exercent autour de leur campement la surveillance la plus active. Il faut donc prendre bien garde à leur donner l'éveil; car il faudrait qu'il disposât de forces très considérables pour engager une bataille rangée. Il n'a qu'un seul moyen de vaincre ces masses d'ennemis, c'est de fondre sur eux à l'improviste et de profiter de la surprise causée par une attaque complètement inattendue pour écraser les uns et disperser les autres.

— Vous allez charger, dit-il à Yusuf, quand il a définitivement arrêté son plan d'attaque, et il fixe les dispositions dernières : les spahis se précipiteront sur la *Smala* et les chasseurs d'Afrique les soutiendront.

Alors le colonel Yusuf se met en tête des escadrons, les déploie sur une seule ligne et commande la charge.

Aussitôt les trois cent cinquante cavaliers s'élancent à fond de train et s'abattent comme un ouragan sur cette ville de tentes, en poussant des cris épouvantables et en sabrant tout ce qui se trouve sur leur passage.

Rien n'avait décelé la présence des Français. Sidi Embarack qui, en l'absence de l'émir, avait le commandement suprême de la *Smala*, était loin de s'attendre à une telle attaque. Il n'avait donc fait aucuns préparatifs de défense, et les sentinelles arabes n'eurent pas même le temps de donner l'alarme. Surpris, épouvantés par cette charge furieuse, les hommes, les femmes, les enfants, les troupeaux, les bêtes de somme fuient en désordre de tous côtés.

La *Smala* est coupée en deux : les Arabes qui essaient de résister sont sabrés d'une part par les chasseurs que commande le lieutenant-colonel Morris, de l'autre par les spahis de Yusuf. Sur ces entrefaites arrive le duc d'Aumale avec le gros de la colonne.

Trois mille prisonniers, un canon, quatre drapeaux, un immense bétail, le trésor et la correspondance d'Abd-el-Kader tombent entre les mains des Français.

Deux mille d'entre les fuyards qui sont légion, vont se faire prendre par le général de La Moricière.

C'est le 16 mai 1843 que fut remportée cette victoire à jamais mémorable.

La charge si terrible exécutée par les spahis et les chasseurs d'Afrique avait causé une panique inimaginable dans le camp de l'émir. Pendant quelques instants, la mère et la femme d'Abd-el-Kader, surprises dans leurs tentes, restent aux mains du lieutenant-colonel Morris ; mais, à la faveur de la con-

fusion, elles peuvent rejoindre une bande d'Arabes
qui fuyaient affolés. Moins heureuses qu'elles, de
nombreuses femmes ne peuvent gagner les limites
du camp, et parmi elles se trouve la propre fille de

Prise de la Smala.
Fragment du tableau d'Horace VERNET (Musée de Versailles).

Sidi Embarack, qui, à demi morte de terreur et
croyant son dernier jour venu, se jette aux pieds
du duc d'Aumale pour implorer sa clémence. Une
multitude de pauvres créatures demande également
la vie. Le duc d'Aumale accueille leurs supplications avec la bonté qui caractérise toujours un
grand cœur ; car il ne veut pas que son triomphe

soit souillé par des massacres inutiles. Ainsi la
fille de Sidi Embarack et toutes ces malheureuses
sont non seulement épargnées mais encore traitées
avec humanité.

La prise de la *Smala* eut un énorme retentissement
dans la France entière, et dans toute l'Europe. Elle
valut au duc d'Aumale la réputation d'un *grand
capitaine*. Et on peut dire que cette réputation est
méritée ; car, si ce coup de main, si admirablement
exécuté par une poignée de spahis et de chasseurs,
a pleinement réussi, c'est grâce à l'esprit organisa-
teur, à la bravoure et à la hardiesse du jeune général, qui rappelait le grand Condé par ses « illu-
minations soudaines », sa sûreté de coup d'œil et
sa fougue.

Le général Bugeaud apprit la victoire du Prince
et la déroute de la *Smala* par un émissaire arabe
qui s'exprima en ces termes imagés : « Nous avons
entendu parler la poudre à Taguin, et peu après
nous avons vu une immense caravane s'enfuir vers
le sud, laissant derrière elle une longue file de
femmes, de vieillards et de troupeaux. C'est *Ould
el Rey* (le Fils du Roi) qui s'est emparé de la *Smala*.
Réellement ces Français sont des *djenouns* (démons),
car ils n'étaient pas mille et ils en ont attaqué cent
mille. »

Un grand peintre, Horace Vernet (1), a immortalisé la *Prise de la Smala* dans deux tableaux admirables, qui ne sont certes pas les moindres ornements du musée de Versailles. Le premier représente l'attaque furieuse du camp d'Abd-el-Kader par les spahis et les chasseurs d'Afrique ; le second, le duc d'Aumale étendant, à l'entrée de la *Smala*, sur la tête de la fille de Sidi Embarack prosternée à ses pieds au milieu d'une foule de suppliantes, son épée victorieuse en signe de protection.

Ces deux peintures, où s'accuse au plus haut point le talent d'Horace Vernet qui cherchait avant tout à émouvoir par la vérité du sujet, sont d'un effet saisissant.

Abd-el-Kader, comme nous le savons, était absent de la *Smala*. Toutefois, pour prévenir toute surprise, s'il faisait un retour offensif, les troupes, malgré leur fatigue extrême, restèrent sous les armes durant la nuit du 16 au 17, pendant qu'un cordon de sentinelles avancées entourait le camp. Mais l'émir ne parut point. Le 17, les Français

(1) Célèbre peintre de batailles, comme son père, né à Paris en 1789, mort en 1863, soldat pendant la campagne de France en 1814, Horace Vernet fut décoré à cause de sa belle conduite devant l'ennemi aux portes de Paris. Parmi ses plus belles toiles représentant des combats de notre armée d'Afrique, on distingue encore le *Siège de Constantine* en trois tableaux et la *Bataille d'Isly*.

firent des reconnaissances et ramenèrent les innombrables troupeaux qui, abandonnés par les Arabes, erraient dans les environs.

Le 18, le duc d'Aumale leva le camp et se mit en route, en ordre de bataille, prêt à toute attaque. Devant lui marchaient les prisonniers.

La colonne expéditionnaire rentra ainsi dans Médéah. C'était un retour triomphal, tel qu'en faisaient jadis à Rome les généraux qui, par leurs victoires sur les ennemis de la République, avaient bien mérité de la patrie.

Qu'était donc devenu Abd-el-Kader ? Ayant appris par ses espions que le général de La Moricière s'était porté jusqu'à Frendah, mais ignorant la marche du duc d'Aumale si bien dissimulée, il avait établi sa *Smala* dans le massif montagneux du Djebel-Amour, où elle serait, croyait-il, le plus en sûreté, et lui-même à la tête de cavaliers d'élite s'était avancé vers Frendah. En route il reçut la nouvelle du désastre de la *Smala*. Il revint donc précipitamment sur ses pas ; mais tout était fini, et les Français victorieux venaient de quitter Djebel-Amour. Abd-el-Kader ne trouva que les débris de sa capitale au milieu de monceaux de cadavres. C'était un rude coup porté à sa puissance et à son prestige.

Le duc d'Aumale adressa au gouverneur général

sur la prise de la *Smala* un rapport, dans lequel,
après avoir rendu justice au courage et à la cons-

Retour du Duc d'Aumale avec la Smala.

tance de ses troupes, il mentionnait les noms de
ceux qui s'étaient plus particulièrement distin-

gués. Le général Bugeaud transmit le rapport au gouvernement qui en ordonna l'insertion au *Moniteur* et qui, comprenant toute l'importance de cette campagne décisive, éleva le général Bugeaud à la dignité de maréchal de France, en même temps qu'il nommait le duc d'Aumale, de La Moricière et Changarnier généraux de division. Le colonel Yusuf fut promu au grade de commandeur de la Légion d'honneur et le lieutenant-colonel Morris nommé colonel du 2ᵉ chasseurs d'Afrique. En outre, le duc d'Aumale fut appelé au commandement en chef de la province de Constantine.

Cependant, malgré ce grand succès militaire, notre établissement en Algérie n'était pas encore ce qu'il devait être. Assurément, depuis nos premières conquêtes, il s'était agrandi et consolidé ; c'était beaucoup, mais ce n'était pas tout. Il fallait maintenant le rendre complet et définitif. Le maréchal Bugeaud et le duc d'Aumale continuèrent d'y travailler de tout leur pouvoir, en étendant et en fortifiant la domination française. Ainsi, en 1844, tandis que Bugeaud battait les Kabyles et leur enlevait Dellys sur la côte, à l'est d'Alger, le Prince s'emparait de Biskra (1), au sud de Cons-

____

(1) Oasis et ville de l'Algérie dans la province de Constantine, à l'entrée du grand désert, au nord-ouest de la plaine du Ziban.

tantine, et conduisait heureusement les campagnes contre les Ziban et les Ouled-Sultan.

Mais le grand ennemi de la France, Abd-el-Kader, était encore debout prêchant avec plus d'ardeur que jamais la guerre sainte aux populations arabes et demandait du secours à un pays voisin, le Maroc (1). L'émir exerçait alors sur l'esprit des Marocains plus d'action que l'empereur lui-même, Abd-er-Rhaman. A sa voix, les marabouts appelaient le peuple à la guerre : « Une goutte de sang versée pour la cause d'Allah, leur disaient-ils, une nuit passée sous les armes, sera plus comptée que deux mois de jeûne et de prières ; celui qui périra dans une bataille obtiendra le pardon de ses péchés. Au jour du jugement, ses blessures seront éclatantes comme le vermillon, parfumées comme l'ambre ; des ailes d'anges et de chérubins remplaceront les membres qu'il aura perdus. » Les Marocains, assez simples pour ajouter foi à ces contes d'enfants, brûlaient du désir de se faire tuer.

Cédant à l'impulsion générale, l'empereur accusa les Français d'avoir bâti un fort à Lalla-Maghania, sur la rive gauche de la Tafna, territoire qu'il prétendait lui appartenir, et prit l'offensive. Attaqué

____

(1) Cet État est situé à l'extrémité nord-ouest de la péninsule africaine.

le 30 mai au bord de la Mouilah, le général de La
Moricière repoussa l'ennemi. Alors le maréchal
Bugeaud accourut sur le théâtre de la guerre, et,
après d'inutiles négociations, battit complètement
à Isly (1), le 14 août 1844, l'empereur du Maroc,
pendant que le prince de Joinville, par mer, bom-
bardait Tanger et Mogador (2).

Bugeaud enlevait de la sorte à Abd-el-Kader
cette alliance, si précieuse pour lui, avec le sultan
Abd-er-Rhaman.

De son côté, le duc d'Aumale continuait à affermir de plus en plus notre autorité et concourait
puissamment en 1846 à la pacification définitive
des Kabyles de l'Ouaransenis.

Tel était l'état des choses dans notre colonie,
quand le maréchal Bugeaud, conformément à sa
devise : « *ense et aratro* (3), » prit ses dispositions
pour s'établir à demeure, en une sorte de camp
agricole, dans le Djebel-Djurjura. Le gouvernement
lui prescrivit de n'en rien faire : Bugeaud donna
alors sa démission de gouverneur général de nos
possessions d'Afrique.

(1) Rivière d'Afrique, sur les frontières du Maroc. Il ne faut pas
la confondre avec l'Isly, rivière d'Algérie qui se jette dans le
Cheliff, à l'ouest d'Orléansville, dans la province d'Alger.

(2) Il y a aussi dans la galerie du Musée de Versailles un très
beau tableau de la bataille d'Isly par Horace Vernet.

(3) C'est-à-dire coloniser « par l'épée et par la charrue. »

Le duc d'Aumale fut nommé à sa place le 21 septembre 1847, *désigné par le maréchal lui-même* comme le plus capable de lui succéder. L'armée et la population civile de toute l'Algérie acclamèrent cette décision du gouvernement français comme une promesse de bonheur et de prospérité. En effet, le roi Louis-Philippe, *en faisant son fils le duc d'Aumale gouverneur général de l'Algérie*, donnait à la colonie une preuve certaine de sa sollicitude et de sa résolution à en favoriser le développement. D'autre part, le Prince connaissait parfaitement notre belle colonie, où il avait montré, comme soldat et comme administrateur, des qualités primordiales. On pouvait donc espérer qu'il en tirerait le meilleur parti, et que, sous sa direction ferme mais bienveillante, le gouvernement de l'Algérie deviendrait moins exclusivement militaire, sans que pour cela son autorité sur l'armée fût le moins du monde amoindrie. Enfin son titre de *fils de Roi* devait consolider la puissance française en la rehaussant dans l'esprit des indigènes.

Le Prince ne trompa point l'attente publique : sans bouleverser de fond en comble le système suivi jusqu'alors, il introduisit avec ménagement les modifications gouvernementales que lui suggéraient ses vues personnelles si sages, si modérées, si généreuses, et conformant tous ses actes à son programme librement et longuement médité, il exerça, à Alger, au milieu des sympathies de l'armée et de la population civile, une sorte de vice-royauté.

Il n'y avait pas trois mois que le duc d'Aumale occupait si dignement ces hautes et délicates fonctions, quand, pour comble de gloire, l'émir Abd-el-Kader cerné près de la Moulaïa par les Français fit sa reddition au général de La Moricière.

Le duc d'Aumale, ne prenant conseil que de sa magnanimité, se hâta de garantir la mise en liberté d'Abd-el-Kader, notre plus grand ennemi. On le lui reprocha ; mais la façon dont l'émir se conduisit plus tard envers nous prouva que le Prince avait eu raison d'agir comme il l'avait fait ; car Abd-el-Kader, vaincu par la grandeur d'âme plus que par la force des armes, devint l'ami sincère et tout dévoué de la France.

Lorsque le duc d'Aumale connut la nouvelle de la Révolution de Février, il engagea la colonie à attendre paisiblement les ordres de la métropole ; puis, heureux d'avoir servi la France en remplissant fidèlement son devoir jusqu'à la dernière extrémité, fier et calme, *sans peur et sans reproche*, comme le chevalier Bayard, il remit ses pouvoirs

de gouverneur (1) au général Changarnier chargé
de les exercer jusqu'à l'arrivée du nouveau gou-

Abd-el-Kader fait sa reddition à La Moricière.

verneur, le général Cavaignac, adressa à l'armée,
avec une émotion profonde qu'il ne cherchait pas

(1) Le duc de Chartres vient de faire don au Musée de l'armée
du képi du duc d'Aumale, alors qu'il était gouverneur général de
l'Algérie. Ce képi, tout en drap noir, dont le bandeau est brodé de
la double couronne de chêne en or du général de division, et dont
le turban, très haut, porte un seul montant par quartier, est iden-
tique à celui que porte le Prince dans le célèbre tableau de la
Prise de la Smala dont j'ai déjà parlé.

du reste à cacher, des adieux (1) pleins à la fois de cordialité et de dignité, et, accompagné de la princesse Marie-Caroline-Auguste de Bourbon (2) qu'il avait épousée le 25 novembre 1844, ainsi que du prince et de la princesse de Joinville, il s'embarqua sur le *Solon* pour Gibraltar, d'où il gagna l'Angleterre.

Ainsi le duc d'Aumale ne s'était pas départi un seul instant de sa ferme résolution : depuis le jour

(1) Voici cette proclamation que Lamartine qualifiait d'une de ces pages dignes des premiers temps de la première République, où l'homme s'effaçait devant la patrie.

« A l'armée, à la population de l'Algérie.

« Fidèle à mes devoirs de citoyen et de soldat, je suis resté à mon poste, tant que j'ai pu croire ma présence utile au service du pays ; cette situation n'existe plus. M. le général Cavaignac est nommé gouverneur général de l'Algérie ; jusqu'à son arrivée à Alger les fonctions de gouverneur général par intérim seront remplies par le général Changarnier.

« Soumis à la volonté nationale, je m'éloigne, mais, du fond de l'exil, tous mes vœux seront pour votre prospérité et pour la gloire de la France que j'aurais voulu servir plus longtemps.

« En me séparant d'une armée, modèle d'honneur et de courage, dans les rangs de laquelle j'ai passé les plus beaux jours de ma vie, je ne puis que lui souhaiter de nouveaux succès ; une nouvelle carrière va peut-être s'ouvrir à sa valeur, elle la remplira glorieusement, j'en ai la ferme croyance.

« Officiers, sous-officiers et soldats, j'avais espéré combattre encore avec vous pour la patrie ; cet honneur m'est refusé, mais, du fond de l'exil, mon cœur vous suivra partout et vous rappellera la volonté nationale, il triomphera de vos succès ; tous ses vœux seront toujours pour la gloire et le bonheur de la France. »

(2) C'était la fille du prince Léopold de Salerne. Elle était née, comme le duc d'Aumale, en 1822, et avait presque trois mois et demi de plus que lui.

où il avait quitté les cours de la Sorbonne jusqu'à l'heure de son départ pour l'exil, sa vie avait entièrement appartenu à l'activité militaire, et il l'avait menée de façon qu'elle était glorieusement entrée dans l'histoire de notre conquête africaine.

EN ANGLETERRE

CHAPITRE V

L'Homme.

Le Duc d'Aumale se livre à l'étude. — Il compose différents ouvrages. — Ses deuils cruels. — Comment il les supporte. — Son *Histoire des Princes de Condé*.

Le duc d'Aumale rejoignit la famille royale à Claremont, et là, ou à Twickenham qu'il habita également, condamné, à l'âge de vingt-six ans, à l'inaction par l'injustice des hommes, il employa noblement ses loisirs.

C'est une vérité ancienne, mais toujours vraie et prouvée par de nombreux exemples, que les lettres deviennent pour les hommes instruits une consolation dans la mauvaise fortune. Ainsi Plutarque (1) rapporte que Démétrius de Phalère (2)

---

(1) Célèbre biographe et moraliste grec, auteur d'un ouvrage célèbre, *Vie des hommes illustres de la Grèce et de Rome*, mort l'an 140 avant J.-C.

(2) Né en 345, mort 283 avant J.-C., disciple du philosophe grec Théophraste, homme d'Etat, orateur et historien, il gouverna Athènes avec sagesse pendant dix ans.

injustement chassé de sa patrie par Démétrius
Poliorcète, roi de Macédoine, se rendit à Alexan-
drie (1) auprès du roi Ptolémée (2), et que,
dans cette retraite due à l'adversité, il écrivit
beaucoup d'ouvrages remarquables. Lorsque
Octave eut établi sa domination sur les ruines
de la République romaine en supprimant toutes
les libertés, Cicéron (3) fuyant la ville pleine
de malhonnêtes gens à la dévotion du tyran,
se retira à la campagne, où il vécut dans la
solitude. Mais, comme il était dans sa nature
d'agir, il travaillait d'esprit, pensant avec raison
qu'il pourrait oublier, en partie du moins, ses
chagrins dans l'étude de la philosophie ; et
mettant son exil à profit, en peu de temps, il
écrivit, alors que la République était renversée,
plus d'ouvrages qu'il n'en avait écrit quand elle
était debout, heureux de servir encore de cette
manière ses concitoyens.

(1) Ville d'Egypte fondée par Alexandre-le-Grand, restée surtout célèbre par sa bibliothèque qui fut brûlée par ordre du calife
Omar.

(2) Il s'agit de Ptolémée-Soter, fils de Lagus, un des généraux
d'Alexandre qui reçut, à la mort du roi de Macédoine, l'Egypte en
partage, fondateur de la dynastie des Ptolémées.

(3) Le plus célèbre des orateurs romains, homme politique et
écrivain, né à Arpinum 106 ans avant J.-C., successivement ques-
teur en Sicile, consul et proconsul en Cilicie, il fut proscrit lors
de la formation du second triumvirat et assassiné près de Formies,
43 avant J.-C.

Le duc d'Aumale chercha aussi dans les lettres un adoucissement à l'amertume de l'exil. Et, comme il était forcé de ne plus manier l'épée, il se prit à manier la plume, donnant libre cours tantôt à sa verve primesautière, à son esprit, à sa bonne humeur, tantôt à ses considérations personnelles sur les choses et sur les hommes, à ses grandes pensées, à ses sentiments généreux.

On peut dire que tout d'abord ses écrits sortirent de ses souvenirs d'Algérie.

Avec quel entrain il jetait sur le papier ses impressions encore toutes fraîches et parlait des *zouaves* et des *chasseurs à pied !*

Son premier livre surtout semble une page détachée de son journal militaire, mais faite pour vivre dans l'histoire de notre armée d'Afrique.

Que d'aventures sérieuses ou divertissantes il se plaît à raconter, passant tout naturellement, selon les circonstances, « du grave au doux, du plaisant au sévère ! » Que de scènes prises sur le fait, depuis l'assaut de Constantine jusqu'au refrain de la *Casquette !* Que de vivacité, de force, d'ardeur héroïque dans le récit de ce siège mémorable ! Comme il connaît à fond nos soldats et nos généraux rivalisant entre eux de courage et de dévouement! Comme il aime à les juger tous dignes de ce nom glorieux d'*Africain*, que Rome, victorieuse de Carthage, donna seulement aux deux Scipions! Il est vraiment aussi heureux que fier de faire défiler sous nos yeux tous ces braves troupiers, enfants du peuple ennoblis par l'héroïsme, « passés au crible, » comme disait le duc d'Orléans, rentrant triomphalement en France. Et, à l'occasion, quelle gaieté! Il faut l'entendre narrer l'anecdote de la *Casquette du père Bugeaud:* Une nuit, dit-il, la vigilance des zouaves fut en défaut, et les réguliers d'Abd-el-Kader, se glissant au milieu de leurs postes, vinrent faire sur le camp une décharge meurtrière. Le feu fut un moment si vif que nos soldats surpris hésitèrent à se relever ; les officiers durent leur donner l'exemple. Le maréchal Bugeaud était arrivé des premiers ; deux hommes qu'il avait saisis de sa vigoureuse main tombent frappés à mort.

Bientôt cependant l'ordre se rétablit, les zouaves s'élancent et repoussent l'ennemi. Le combat achevé, le maréchal s'aperçoit, à la lueur des feux du bivouac, que tout le monde sourit en le regardant ; il porte la main à sa tête et reconnaît qu'il est coiffé comme le roi d'Yvetot.

Il demande aussitôt sa casquette, et mille voix
de répéter : « La casquette, la casquette du maré-
réchal ! » Or, cette casquette, un peu originale,
excitait depuis longtemps l'attention des soldats.

Le lendemain, quand les clairons sonnèrent
la marche, le bataillon de zouaves les accom-
pagna, chantant en chœur :

> As-tu vu
> La Casquette,
> La Casquette ?
> As-tu vu
> La Casquette
> Du pèr' Bugeaud ?

Depuis ce temps, ajoute l'auteur des *Zouaves*,
la fanfare de la marche ne s'appela plus que
la *Casquette*, et le maréchal, qui racontait volontiers cette anecdote, disait souvent au clairon
de piquet : « Sonne la Casquette. »

Le musée de l'armée serait, dit-on, à la veille
de recevoir, à titre de relique, cette fameuse
casquette : c'est un képi à calotte très haute,
beaucoup plus haute que celle du képi du duc
d'Aumale, en forme plutôt de shako, au drap
très usé, très fané par le soleil d'Afrique.

La caractéristique de cette coiffure est, au-
dessous du tour de tête, chamarré d'or bruni,

une visière d'une largeur inusitée, que prolonge même une bordure de laine blanche. C'est la dimension anormale de cette visière qui avait fait remarquer par les zouaves la « casquette du père Bugeaud. »

Le duc d'Aumale trouvait également un charme particulier dans les travaux d'érudition. Ainsi, après s'être livré à des recherches minutieuses sur *la Captivité du roi Jean* (1) qui dura quatre ans, de 1356 à 1360, quel plaisir il prit à publier le très curieux manuscrit de Denys de Collors, contenant la relation de cette captivité! Denys de Collors, chantre et chanoine de Meaux, était le secrétaire du roi, et à ce titre, il l'avait suivi en Angleterre, où il tint le registre de sa dépense.

Le duc d'Aumale ne manqua pas, à cette occasion, de dépeindre, avec ce style naturellement entraîné aux récits de guerre, ce prince tel qu'il se montra, plein d'énergie et de vaillance, sur le champ de bataille de Poitiers, combattant contre les Anglais jusqu'à complet épuisement :

(1) Jean II surnommé le Bon vaincu à Poitiers par le prince de Galles, dit le *Prince Noir*, mort en 1364. C'est lui qui a formulé cette belle maxime si souvent répétée : « Si la bonne foi était bannie du reste de la terre, elle devrait se retrouver dans le cœur et dans la bouche des rois. »

« Rien n'avait pu l'arracher au combat. A pied, presque seul, armé d'une hache qu'il maniait avec autant de vigueur que d'adresse, il se défendit jusqu'à ce que, épuisé, atteint de deux blessures à la tête, il se vit forcé de se rendre. C'est alors peut-être qu'il courut le plus grand danger ; une foule de chevaliers et d'écuyers l'entouraient, se disputant l'honneur *lucratif* de l'avoir pris, et faillirent l'étouffer dans leur lutte. Le prince de Galles dut intervenir pour le soustraire à cette brutale avidité. »

Le duc d'Aumale, grand amateur de livres, avait eu la bonne fortune de mettre la main sur un exemplaire des *Commentaires* de César qui avait appartenu à Montaigne (1) et où l'auteur des *Essais*, ce sceptique qui, en ayant l'air de douter de tout, éclaircissait tout, avait laissé à chaque page des traces de son travail, de ses réflexions personnelles. Ce vieux livre qui, datant de 1570, ne payait pas de mine, avait été trouvé sur un quai en 1801 et payé quatre-vingts centimes au bouquiniste qui ne se rendait pas compte de ce qu'il valait. Et en 1856, dans une vente aux enchères, Henri d'Orléans l'avait acheté quatre-vingts louis, somme véritablement minime, eu égard à l'importance du livre,

(1) Michel Montaigne, célèbre philosophe et moraliste du xvi° siècle (1533-1592).

car il renfermait à la fin une page autographe sur César, entièrement inédite, et une des meilleures que Montaigne eût écrites.

Cette page lui donna l'idée de suivre le général romain dans une de ses campagnes, pied à pied, absolument comme s'il eût porté l'étendard d'une de ses légions. C'était la *Septième Campagne*, celle qui avait eu pour objet le siège d'Alésia et pour terme la prise de cette place. Mais si le Prince suivait César de si près dans son expédition dernière en Gaule, c'était pour prendre part en érudit à la controverse qui s'était élevée sur la position de la ville même dont le général romain s'était emparé. Et il décrivit si bien et si minutieusement les contrées sur lesquelles portait son enquête, qu'on ne pouvait croire à une simple étude dans les livres. Il passait pour être venu, en Franche-Comté, reconnaître le pays, en dépit d'une législation hostile qui lui interdisait l'accès de la France. Il n'en était pourtant rien, et c'est uniquement au moyen des excellentes cartes dressées par nos officiers d'état-major qu'il était parvenu au terme de sa belle étude, en établissant d'une façon péremptoire qu'Alésia devait s'élever jadis dans l'ancienne Bourgogne sur le mont Auxois, où s'élève aujourd'hui la statue gigantesque de l'héroïque Gaulois Vercingétorix.

Au mois d'avril 1861, le duc d'Aumale fit imprimer en France une brochure adressée au prince Napoléon et intitulée : *Lettre sur l'histoire de France.* C'était une critique aussi mordante que spirituelle du gouvernement impérial (1) faite par un disciple ardent et puissant des auteurs de la fameuse satire *Ménippée* (2) qui avait si bien servi Henri de Béarn contre les ligueurs espagnols. La brochure fut saisie et l'imprimeur comme l'éditeur furent condamnés à la prison ainsi qu'à 5,000 francs d'amende. Cette vengeance si peu digne exercée de la sorte par le gouvernement d'alors ne prouva qu'une chose, c'est que le duc d'Orléans avait touché juste en disant la vérité.

Unique héritier du dernier des princes de Condé (3), il projetait d'écrire l'histoire de leur

---

(1) Le duc d'Aumale était resté l'ennemi irréconciliable de Napoléon III, l'auteur du coup d'Etat, et le spoliateur des biens de la famille d'Orléans.

Il l'avait fort spirituellement déclaré par circonstance, en 1852, peu après la proclamation du second empire. Se trouvant à Naples, il rencontra par hasard dans un salon M. Barrot, alors ministre plénipotentiaire de l'empereur auprès du roi des Deux-Siciles : « Monseigneur, dit le diplomate en s'inclinant, Votre Altesse paraît en excellente santé ! — Dame ! Monsieur, répondit le duc d'Aumale, *la santé, cela ne se confisque pas !* »

(2) Célèbre pamphlet politique en prose et en vers, composé par des écrivains et poètes de talent, Pierre le Roy, chanoine de Rouen, Florent Chrestien, Rapin, Pithou, Passerat.

(3) C'était Louis-Henri-Joseph duc de Bourbon, fils de Louis-Joseph et de la princesse Caroline de Hesse-Reinfels et père du malheureux duc d'Enghien fusillé, à l'âge de vingt-deux ans, par

Maison et il y travaillait déjà depuis plusieurs années, lorsqu'un coup terrible le frappant subitement vint jeter le trouble au milieu de ces calmes occupations d'esprit, la mort de la reine Marie-Amélie, survenue le 24 mars 1866. Ce fut pour Henri d'Orléans la seconde grande douleur de sa vie. Je dis la seconde, car il en avait déjà éprouvé une première, quand Louis-Philippe était mort le 26 août 1850. Certes, son cœur avait déjà reçu de profondes blessures, quand il perdit successivement le 2 juin 1839 sa sœur, la princesse Marie, mariée au duc Alexandre de Wurtemberg, le 13 juillet 1842, son frère aîné qu'il chérissait tout particulièrement, le duc d'Orléans, mort, comme on sait, à Neuilly, d'un accident de voiture, et enfin le 11 octobre 1850 une autre sœur non moins aimée, la princesse Louise, reine des Belges. Mais ces pertes, quelque cruelles qu'elles fussent, ne pouvaient être comparées à celle d'un père tendrement aimé, surtout à celle d'une mère chérie et vénérée à l'égal d'une sainte, l'éducatrice de son âme, l'inspiratrice

ordre de Napoléon Iᵉʳ, dans les fossés de Vincennes. Ce prince vécut ignoré à Chantilly, refusa de suivre Charles X après la Révolution de 1830 et reconnut le gouvernement de Louis-Philippe. Le 27 août de la même année, on le trouva dans son château de Saint-Leu, près Paris, pendu à l'espagnolette d'une croisée de sa chambre à coucher. Il avait soixante-quatorze ans. Avec ce prince s'éteignait l'illustre maison de Condé. Le duc d'Aumale hérita seul, par testament, de ses biens immenses.

de ses puissantes vertus. Il lui semblait vraiment qu'une partie de lui-même, la meilleure sans doute, venait de mourir. Et cependant il n'avait pas encore épuisé toutes les douleurs ; cette même année il fut une seconde fois atteint dans ses plus chères affections : son fils aîné, Louis-Philippe-Marie-Léopold d'Orléans (1), périt, dans le courant de septembre, à vingt-un ans, de la fièvre typhoïde, à Sydney, en Australie.

C'était plus qu'il n'en fallait pour jeter le duc d'Aumale dans un abattement complet. Mais à la force de caractère il joignait une foi profonde ; aussi ne s'abandonna-t-il pas à ce désespoir navrant qui s'empare des cœurs faibles et incrédules ; car il avait la croyance ferme et absolue qu'il retrouverait un jour tous ces êtres chéris, pour ne plus jamais en être séparé, parmi les élus, au sein d'une immortalité glorieuse, dans la divine patrie des belles âmes.

Il se remit au travail avec une nouvelle ardeur et acheva le second volume de son *Histoire des Princes de Condé*. L'ouvrage s'imprima alors à Paris, et, au moment où les exemplaires encore tout humides du récent tirage sortaient des ateliers, ils

(1) Son père lui avait donné le nom de *Prince de Condé*. Il lui restait encore un enfant alors âgé de douze ans, François-Louis-Philippe d'Orléans, duc de Guise.

furent saisis par ordre du gouvernement impérial
et mis sous clef. Voilà donc les trois premiers
princes de Condé en prison. Ils y restèrent quatre
ans, si bien que Louis Ier (1), le chef de la branche,
l'héroïque vaincu de Jarnac (2), et même Henri II,
renfermé pendant trois ans à la Bastille, n'avaient
pas souffert, pendant leur vie, une aussi longue
détention. Louis avait bien passé quelques mois
sous les verrous de François II ; condamné à mort,
il attendait dans le plus grand calme l'arrivée du
bourreau. Ce fut un de ses plus gais compagnons
qui entra et qui lui dit à l'oreille : « Notre homme
est croqué !... » L'homme n'était autre que le roi
et le roi était mort ! Condé était sauvé. Plus tard, il
dut, après la bataille de Dreux, rendre son épée à
Damville et subir une nouvelle captivité quelque
temps menaçante.

(1) Les Princes de Condé formaient une branche de la maison de
Bourbon, issue de Louis Ier, chef du parti calviniste, septième
enfant de Charles de Bourbon, duc de Vendôme. Son fils Henri Ier,
prince valeureux, qui avait assisté aux combats de la Roche-
Abeille et de Moncontour livrés par Coligny en 1569, n'échappa
aux massacres de la Saint-Barthélemy en 1572 qu'en abjurant,
mais il se remit à la tête des calvinistes, prit part à toutes les
prises d'armes de son parti, sous le règne de Henri III et combat-
tit à Coutras aux côtés de Henri de Béarn. Henri II, fils de
Henri Ier, né en 1588, mort en 1646, se convertit comme Henri IV
au catholicisme. Ce fut le père du grand Condé.

(2) Chef-lieu de canton dans la Charente, où le duc d'Anjou,
depuis Henri III, remporta en 1569 une victoire sur les protestants
commandés par le prince de Condé.

Ce sont les contre-temps de la vie auxquels il faut s'attendre tant qu'on fait partie de ce bas monde. Mais les princes de Condé n'avaient assurément pas prévu que tous trois sans exception seraient prisonniers, à la préfecture de police de Paris, de 1865 à 1869, dans les volumes où le duc d'Aumale raconte avec tant de talent et de chaleur leur vie si agitée, parfois si glorieuse. En mars 1869 (1) seulement on annonça que les exemplaires étaient remis aux éditeurs avec permission de vendre, par ordre du ministre de l'intérieur. L'ouvrage fut définitivement publié le mois suivant.

En 1867, la victoire de Sadowa remportée par la Prusse sur l'Autriche avait excité dans le cœur du noble Prince la flamme d'un patriotisme toujours ardent, même dans l'inaction où il demeurait forcément, depuis son exil, et il avait fait aussitôt sur les *Institutions militaires de la France* un écrit qui eut un grand retentissement en France comme en Angleterre. Tous les hommes du métier voulurent le lire. Aucun succès ne lui manqua si ce n'est celui d'être appliqué, comme tant d'autres excellents conseils, dont la plupart des gens ne savent pas ou

---

(1) Cette même année, le duc d'Aumale eut la douleur de perdre la princesse Marie-Caroline de Bourbon, sa femme bien-aimée et sa digne compagne d'exil.

ne veulent pas profiter, avant d'avoir reçu la dure leçon de l'expérience. La conclusion de ce livre, précédée de considérations d'un intérêt tout historique, est de celles qui auront toujours de l'écho dans notre pays : « La liberté, disait l'auteur, double la puissance des institutions militaires. Elle en règle et en modère l'usage. Elle n'a rien à en redouter, tant que les peuples n'abdiquent pas leurs droits. Sa garantie est dans la force de l'opinion, non dans la faiblesse de la milice. »

La force au service de l'opinion, la liberté suscitant de patriotiques armées, la discipline relevant les âmes par le sacrifice, tel est le sens de cette conclusion qui était bien digne d'obtenir tous les suffrages des soldats et des citoyens français et dont l'application immédiate eût peut-être sauvé la France du désastre où, malgré son héroïsme et son indomptable courage, elle faillit succomber trois ans plus tard.

EN FRANCE

CHAPITRE VI

Retour en France. — Le Duc d'Aumale pendant la Commune. — Le procès de Bazaine. — Le Prince à l'Académie française. — Retrait d'emploi. — Lettre du Duc à ce sujet. — Donation royale. — Une journée à Chantilly. — Piquante anecdote. — Dernières occupations du Duc d'Aumale.

Dans le courant de juin 1870, peu de temps après le fameux plébiscite auquel l'empire réduit aux abois avait recouru pour tâcher de se reconsolider, les princes d'Orléans, à savoir le duc d'Aumale et le prince de Joinville, désireux de rentrer dans leur patrie et dans leurs biens, adressèrent non pas à l'empereur, car ils ne demandaient pas une grâce, mais aux députés, puisqu'ils revendiquaient leurs droits, une pétition ainsi conçue :

« MESSIEURS LES DÉPUTÉS,

« Vous êtes saisis de la demande d'abroger les mesures d'exception qui nous frappent. En présence de cette proposition, nous ne devons pas

garder le silence. Dès 1848, sous le gouvernement de la République, nous avons protesté
contre la loi qui nous exile, loi de défiance, que
rien ne justifiait alors. Rien ne l'a justifiée
depuis, et nous venons renouveler nos protes-
tations devant les représentants du pays.

« Ce n'est pas une grâce que nous réclamons,
c'est notre droit, le droit qui appartient à tous les
Français, et dont nous sommes seuls dépouillés.

« C'est notre pays que nous redemandons, notre
pays que nous aimons, que notre famille a toujours loyalement servi, notre pays dont aucune
de nos traditions ne nous sépare, et dont le seul
nom fait toujours battre nos cœurs ; car, pour
les exilés, rien ne remplace la patrie absente. »

La question fut traitée dans la séance du
2 juillet, et le gouvernement impérial, trop
faible pour être juste, obtint de la Chambre le
rejet de la pétition.

Ainsi deux citoyens, qui n'avaient jamais ni
conspiré, ni failli à l'honneur, qui au contraire
avaient si loyalement et si vaillamment servi
la France, uniquement parce qu'ils étaient
Princes, étaient maintenus avec les autres membres de leur famille hors du droit commun.

Dans le cabinet de travail où le duc d'Aumale
consacrait ses loisirs aux nobles occupations que

Le Duc d'Aumale, en exil, dans son cabinet de travail.

nous connaissons, on voyait suspendue contre le mur au-dessus de son bureau une épée à poignée d'ivoire : c'était l'épée du *vainqueur de Rocroi*, l'*épée du grand Condé*, et au-dessous on lisait ce seul mot : « *J'attendrai !* »

C'était la devise prise par le Prince depuis son exil.

Qu'attendait-il donc ?

La justice, c'est-à-dire qu'on lui rendît ses droits de citoyen français et qu'il lui fût permis, à ce titre, de servir à nouveau la France.

Il y avait dans ce grand cœur une invincible persévérance du sentiment patriotique.

Aussi, au premier bruit de notre grand désastre, à peine le trône impérial s'était-il écroulé à Sedan dans la honte et le sang, que le duc d'Aumale, rompant son ban d'exil, accourut à Paris demander en qualité de citoyen français au gouvernement de la Défense nationale, qui venait de s'y établir, sa part du danger public. Le prince de Joinville et le duc de Chartres (1) l'accompagnaient. On leur refusa le droit de se battre contre les Prussiens, ces odieux envahisseurs, c'est-à-dire le droit de verser leur sang et même de mourir pour la France.

____

(1) Le plus jeune fils du duc d'Orléans, âgé alors de trente ans.

Ils durent alors repasser tristement la Manche, plus accablés du malheur de leur bien-aimée patrie que de leur propre mécompte, et cependant ils n'avaient jamais éprouvé un revers qui eût plus écrasé leur âme, dans cette sorte d'humiliation irritée que cause le sentiment d'une grande injustice.

Au moment de quitter de nouveau la France, le duc d'Aumale écrivit de Calais, le 7 septembre, à son ancien et cher précepteur Cuvillier-Fleury avec lequel il était toujours resté en relations, ces quelques lignes qu'on ne peut lire sans éprouver autant d'admiration que de sympathie pour leur auteur : « *J'aurais voulu que le sang de notre vieille race coulât encore une fois dans cette calamité sans nom, et je comptais bien que le mien ne serait pas épargné. C'est tout ce que je pouvais espérer. C'était aussi le désir de mon frère et de mon neveu. On ne l'a pas voulu.* » Voilà certes le regret d'un cœur héroïque, vraiment français, qui n'a d'ardeur que pour le sacrifice, à l'heure du péril suprême, quand il s'agit de sauver la Patrie.

C'est bien le langage toujours aussi intrépide, aussi généreux du jeune et vaillant général qui avait dit, en donnant ses ordres aux premières heures de la journée chevaleresque et périlleuse

dont la fin devait être la *prise de la Smala :*
« *Je ne suis pas d'une race habituée à reculer.* »

Enfin, quand la guerre avec la Prusse fut terminée, le sol de la patrie fut rendu au duc d'Aumale, comme du reste à tous les proscrits, par la généreuse équité des députés de la France, et, après vingt-deux ans d'exil, il eut la joie de rentrer dans son pays.

Il accepta sincèrement la République qui lui rendit, avec sa place au foyer national, ses droits de citoyen français, ses biens (1) et son grade dans l'armée. S'étant porté aux élections pour faire partie de l'Assemblée nationale, il avait été élu au mois de février 1871 dans l'Oise, à une très forte majorité, mais on n'avait pas encore procédé à la validation de son élection.

Sur ces entrefaites éclata l'insurrection de la commune de Paris, la plus formidable qu'on ait jamais vue. Un gouvernement anti-national sous le nom de *Comité central* s'était constitué à l'Hôtel-de-Ville, et, soutenu par une armée de forcenés et de bandits ayant à leur disposition tous les fusils, tous les canons, toutes les munitions renfermés dans nos forts, déclarait une guerre sacrilège, en présence des Allemands

(1) Décret du 21 décembre 1872.

encore sous les murs de la capitale, au gouvernement national réfugié à Versailles. Les souffrances du siège, la famine, la longue inaction d'un peuple armé, la colère causée par la capitulation de Paris, par l'abandon de cette ville, les inquiétudes sur l'avenir, la crainte que la majorité de l'Assemblée nationale ne voulût rétablir la monarchie, les articles des journaux, les discours exaltés prononcés dans les clubs, tout avait préparé ce terrible soulèvement. La guerre civile allait donc faire suite à la guerre étrangère.

Le 18 mars 1871 au matin, des troupes sous les ordres du général Lecomte furent envoyées au parc d'artillerie établi à Montmartre, pour enlever les canons aux mains de nombreux bataillons de la garde nationale qui, appartenant à l'opinion la plus avancée, s'étaient *fédérés*. Les gardes nationaux opposèrent une vigoureuse résistance et les soldats mirent la crosse en l'air. Les généraux Lecomte et Clément Thomas, saisis par la foule des émeutiers, furent fusillés.

Le soir de ce 18 mars, M. Estancelin (1),

(1) Ecrivain de talent et orateur distingué, M. Estancelin avait prononcé, au Corps législatif, dans la séance du 2 juillet 1870, un discours aussi chaleureux que patriotique sur le retour des Princes d'Orléans.

l'ami fidèle et dévoué du duc d'Aumale, arriva à Dreux où était le prince avec son frère. Il avait eu soin de s'informer d'une façon précise de ce qui s'était passé dans la journée à Paris et à Versailles.

Le prince de Joinville était déjà couché, le duc d'Aumale veillait encore. M. Estancelin lui raconta les nouvelles qu'il venait de recueillir et finit son récit en ces termes : « On va faire le siège de Paris. Celui qui prendra Paris sera le maître de la France. Allez à l'Assemblée demain. Demandez la parole pour la validation de votre élection. Comme il est possible que Thiers ait donné des ordres pour qu'on ne vous laisse pas entrer à Versailles, vous irez jusqu'à Saint-Cyr. Là, nous trouverons mes chevaux (1) : nous traverserons le parc. Comme tous les huissiers et employés de l'Assemblée me connaissent depuis longtemps, je vous ferai passer par les couloirs jusqu'à la salle de l'Assemblée. Vous entrerez alors et demanderez la parole. M. Grévy ne vous connaît pas ; il ne peut vous la refuser. Vous prononcerez alors un discours dans lequel vous exposerez que, si depuis deux mois vous

____

(1) En prévision de ce voyage, M. Estancelin avait envoyé à Saint-Cyr, qui se trouve sur la route de Dreux à Versailles, un homme avec des chevaux de selle.

et votre frère vous aviez laissé sommeiller le
droit que vous teniez des électeurs et du suffrage universel et si vous n'étiez pas venus
prendre part aux travaux législatifs, c'était dans
la crainte que votre nom, jeté en pâture à
l'opinion publique excitée, ne devînt la cause
ou le prétexte d'agitations nouvelles. Maintenant
que la société et l'Assemblée étaient menacées
par l'insurrection formidable qui venait d'éclater
à Paris, le devoir des Princes était de venir
s'asseoir au milieu de leurs collègues pour partager le danger commun ; et vous direz à peu
près *ceci aux élus du peuple :*

« Soldats, nous avons offert il y a quelques
mois notre épée pour la défense de la Patrie.
Députés et soldats, nous l'offrons encore pour la
défense de l'ordre et de la loi. Nous n'avons
pas besoin d'ajouter que, si, pendant plus de
vingt ans d'exil sur la terre étrangère, nous
avons donné l'exemple du respect dû au gouvernement de la France, aujourd'hui, vous ne
verrez au milieu de vous que deux députés de
plus, respectueusement soumis, comme vous, à
la volonté et aux lois de leur pays, dont vous
êtes les seuls représentants. »

« Si vous prononcez de semblables paroles ou
d'autres plus éloquentes que votre cœur saura

vous inspirer, ajouta M. Estancelin, on vous offrira, ou je me tromperai fort, le commandement de l'armée qui ira reprendre Paris et se rendre maître de la Commune. Et celui qui sera vainqueur à Paris, sera le chef du gouvernement !

« Il faut à tout prix que vous tentiez de marcher à la tête de l'armée contre les communards. »

M. Estancelin attendait fiévreusement la réponse du Prince.

« Non, s'écria énergiquement le duc d'Aumale, non. *Puisque je n'ai pas eu le bonheur de commander une armée française contre les Prussiens, je ne veux pas recommencer ma carrière militaire en commandant une armée contre les Parisiens.* »

« Mais, répondit son ami, nous avons besoin de vous. L'armée a besoin d'un chef en qui elle ait confiance. Le rôle des Princes et leur devoir, c'est d'être à notre tête aux jours de danger comme ils le sont aux jours de fête. »

— A ces mots le duc d'Aumale, un peu piqué, se redressa et, d'une voix éclatante que j'entendrai toujours, me dit : « *Ah ! je ne suis pas, moi, de ces princes qu'on trouve toujours prêts à tirer l'épée sur les boulevards de Paris, pour la tremper dans le sang français, et pour la jeter vierge ensuite aux pieds du roi de Prusse... S'il vous faut des princes de cette espèce-là; ailleurs que chez moi, allez les chercher ! »*

Voilà pourquoi le duc d'Aumale refusa de marcher contre les Parisiens pendant la Commune.

Ainsi, celui qui *n'était pas d'une race habituée à reculer* devant l'ennemi, quelque redoutable qu'il fût, reculait devant la guerre civile et n'aurait consenti pour rien au monde à verser le sang français.

C'était bien là le digne fils de ce roi qui, lors de la Révolution de 1848, n'avait pas voulu, pour se maintenir sur le trône, répandre le sang de son peuple.

En gardant l'épée au fourreau, dans cette circonstance, le duc d'Aumale se couvrit de gloire, et je ne sache pas qu'il y en ait de plus pure.

Le sentiment patriotique, qui lui avait dicté, lors de la Révolution de Février, sa belle conduite, quand se trouvant à la tête de la puissante armée d'Afrique, il lui était si facile d'entrer en France pour rétablir la dynastie des d'Orléans, l'inspira aussi noblement le soir du 18 mars.

Si son père eût vécu, il l'eût approuvé, comme il avait fait jadis. En effet, Louis-Philippe venait d'arriver à Claremont. Il se tenait dans son salon en compagnie de la reine et du général de Rumigny. On attendait anxieusement des nouvelles de Paris et d'Algérie. A cinq heures un domestique remit des journaux au général qui y jeta un coup d'œil et s'écria : « Des dépêches d'Algérie ! » — « Lisez-nous cela, général, » dit le roi. L'immense salon avait un aspect lugubre, il était éclairé par deux chandelles, les meubles étaient couverts de leurs toiles d'emballage. A droite et à gauche de la cheminée il y avait deux tables ; à celle de droite, Marie-Amélie tricotait, comme une simple bourgeoise, à la lueur d'une chandelle.

Le général de Rumigny s'assied près de la seconde chandelle, à la table de gauche, pour lire les journaux. Le roi se tient près de lui.

Les dépêches contenaient la proclamation du duc d'Aumale à l'armée d'Afrique et les adieux en termes si élevés, qu'il lui adressait en annonçant son départ. A chacune des phrases de la proclamation que lisait le général d'une voix coupée par des sanglots, Louis-Philippe disait : « Très bien, très bien ! » Et quand il eut fini, le roi ajouta : « Très bien ! *C'est le langage que devait tenir Aumale.* »

En agissant de la sorte le fils était en parfaite communauté d'idées avec le père et il n'avait fait que traduire en actes les sentiments mêmes du roi Louis-Philippe.

Le duc d'Aumale était demeuré fidèle à ce beau sentiment patriotique qu'il tenait de son père. Il le montra bien, en refusant formellement de prendre une part quelconque à la répression, par les armes, de l'insurrection de 1871 (1).

Certes on peut juger différemment cette question et nous sommes loin de critiquer et de condamner ceux qui la jugeraient autrement que nous. Ce que nous appelons patriotisme chez un homme indépendant eût été chez un soldat plus qu'une désobéissance, une révolte. Il s'agissait de savoir si la France serait sauvée ou si elle deviendrait la proie des misérables qui, en présence de l'ennemi

(1) La lutte contre la Commune dura deux mois et fut soutenue de part et d'autre avec un acharnement égal. Enfin le 24 mai l'enceinte de Paris fut forcée par l'armée de Versailles au Point-du-Jour. On se battit, pendant une semaine, de rue en rue, de barricade en barricade. Le sang coula à flots. Refoulés de quartier en quartier, les fédérés furent enfin acculés au cimetière du Père-Lachaise et accablés, à la lueur des incendies allumés soit par les vaincus pour arrêter les assaillants, soit par les obus des combattants, et qui dévorèrent l'Hôtel-de-Ville, les Tuileries, la Cour des Comptes, le Palais de Justice. Les fédérés furieux massacrèrent les otages, principalement Mgr Darboy, archevêque de Paris, l'abbé Deguerry, curé de la Madeleine et le président Bonjean. De leur côté, les soldats de l'armée de Versailles passèrent par les armes un certain nombre de défenseurs de la Commune qui tombèrent entre leurs mains. Ceux qui furent faits prisonniers furent condamnés ou à mort ou à la déportation. Ainsi se termina cette effroyable insurrection.

vainqueur, s'acharnaient à la ruine de la patrie.

Le duc d'Aumale était bien de ceux qui mettent le culte de la Patrie au-dessus des formes changeantes des institutions politiques.

Il rappela ce devoir à un grand coupable dans un procès tristement célèbre.

Le maréchal Bazaine avait livré le 27 octobre 1870 au prince Frédéric-Charles, la ville et les forts de Metz, 2 maréchaux de France, 6,000 officiers, 173,000 soldats, 13,000 chevaux, 1,665 canons, 278,289 fusils et les drapeaux de l'armée! Plusieurs drapeaux furent brûlés par leurs régiments. Bazaine se fit remettre tous les autres en trompant les chefs de corps : on devait, disait-il, détruire les drapeaux à l'arsenal ; au lieu de les détruire, il les remit aux Prussiens, et nos soldats, en partant en captivité, purent voir leurs étendards plantés devant la tente du prince Frédéric-Charles.

Il résultait de cette honteuse capitulation que Bazaine n'était pas seulement un lâche, mais encore un traître. Le 6 octobre 1873, il fut traduit devant un conseil de guerre, siégeant à Trianon. Le duc d'Aumale avait l'honneur d'en être le Président.

Les débats furent longs et dramatiques, affligeants au plus haut point pour tous les cœurs français, accablants pour l'accusé.

Le misérable ne trouva alors pour excuse à son crime que cette affirmation :

« Après le 4 septembre, il ne restait plus rien. »

C'est alors que le duc d'Aumale, dans sa généreuse indignation, s'écria :

« Monsieur, il restait la France (1) !

L'histoire a enregistré ce mot d'un laconisme sublime où se montre l'âme tout entière du *grand patriote.*

Effectivement *il restait la France,* cette France à laquelle, au lendemain de nos désastres, le duc d'Aumale, avec la tendresse respectueuse d'un fils pour sa mère, adressait cette virile exhortation en terminant son discours de réception à l'Académie française, le 3 avril 1873 :

« Pauvre France, ramasse le tronçon de ton épée brisée ! Panse tes blessures, travaille, prends courage, répète le cri que Bourbon poussait au lendemain d'Azincourt (2), le cri chrétien et français : *Espérance !* »

---

(1) Bazaine, déclaré coupable d'avoir manqué à ses devoirs, fut condamné à la dégradation militaire et à mort. Le maréchal de Mac-Mahon, alors Président de la République, lui fit grâce de la peine capitale. Détenu à l'île Sainte-Marguerite, il s'évada dans la nuit du 9 au 10 août 1874, avec l'aide de l'excapitaine Doineau, condamné à mort sous l'empire, en 1857, à Tlemcen, comme complice de vol et d'assassinat sur la personne de plusieurs Arabes, et ensuite gracié par Napoléon III.

(2) Bourg du département du Pas-de-Calais où le roi d'Angleterre Henri V remporta sur les Français une grande victoire le 25 octobre 1415.

Le Duc d'Aumale présidant le conseil de guerre qui jugea Bazaine.

Le duc d'Aumale, ce prince catholique et libéral, remplaçait alors à l'Académie, par un heureux hasard, un digne et illustre fils des croisés, le comte de Montalembert. C'est Cuvillier-Fleury, qui répondit au brillant panégyriste du savant auteur de *la Vie de sainte Elisabeth de Hongrie* et des *Moines d'Occident*. Et on peut dire que la joie de l'ancien précepteur ne fut pas moins grande que celle de son ancien et bien-aimé disciple.

Le duc d'Aumale commandait depuis plusieurs années déjà le 7e corps d'armée à Besançon, quand le maréchal de Mac-Mahon donna sa démission de Président de la République le 30 janvier 1879, à la suite de difficultés survenues entre lui, le Sénat, la Chambre des Députés et ses propres ministres. Bientôt après l'arrivée du Président Grévy au pouvoir, un revirement dans les opinions politiques accompagné d'un retour à l'esprit d'ostracisme lui ôta successivement son commandement et son grade de général.

Il *n'était pas d'une race habituée à reculer*. Aussi écrivit-il la lettre suivante au ministre qui lui notifiait sa radiation des cadres de l'armée :

« Doyen de l'état-major général, ayant rempli en paix comme en guerre les plus hautes fonctions qu'un soldat puisse exercer, il m'appartient de vous rappeler que les grades militaires sont au-dessus de votre atteinte, et que je reste

« Le général Henri D'ORLÉANS. »

« On avait brisé son épée, soit, dit Mgr le cardinal Adolphe Perraud. Mais du morceau d'acier qui demeurait entre ses mains, il venait de frapper un coup à la précision et à la vigueur duquel applaudirent, avec ses compagnons d'armes, tous les vrais Français. »

Il fut contraint à sortir de France ; mais ce second exil fut court, et il y répondit, comme un cœur foncièrement généreux, par la donation à l'Institut de son splendide domaine de Chantilly (1), « l'apothéose des Condé », suivant l'expression de Madame de Sévigné dans sa lettre du 23 juillet 1677.

Par ce don vraiment royal, estimé quatre-vingts millions, d'un trait de plume il raya à tout jamais de l'histoire la légende odieusement répandue sur l'avarice de la famille d'Orléans, en particulier sur celle de son père.

Le Prince se plaisait tout particulièrement dans « cette magnifique et délicieuse maison », comme

____

(1) Avec ses admirables collections de chefs-d'œuvre. Car le duc d'Aumale était non seulement un connaisseur, mais encore un artiste dans l'âme. Il fut du reste reçu à l'Académie des Beaux-Arts comme il l'avait été à l'Académie française.

disait Bossuet (1) en parlant de Chantilly, où, simple (2) autant qu'hospitalier, il avait pris l'habitude de réunir chaque dimanche, dans un déjeuner intime, des amis personnels, les membres de l'Institut et aussi des écrivains et des artistes qui ne connaissaient pas encore et ne connaîtront jamais l'insigne honneur de siéger sous la coupole du palais Mazarin. C'est ainsi qu'Edmond de Goncourt fut invité à Chantilly, et aussi Paul Bourget, comme Pierre Loti, avant qu'ils revêtissent l'habit à palmes vertes des Académiciens. L'aimable hôte procédait par fournées de douze invités, pas davantage, parmi lesquels se trouvaient quelques dames et quelques officiers.

Les dames et jeunes filles qu'on y rencontrait le plus souvent étaient la regrettée baronne de Saint-Didier, la comtesse de Chevilly et Mesdemoiselles de Chevilly, qui périrent si cruellement dans l'incendie du Bazar de la Charité.

Au nombre des officiers les plus assidus à ces fêtes familiales, on remarquait les généraux de Miribel, de Galliffet et Billot.

Les politiciens y étaient rares, et si le duc de

---

(1) Voir l'Oraison funèbre du prince de Condé.

(2) Il faut remarquer que la simplicité du prince se mêlait agréablement à la distinction extrême du grand seigneur. Seules les natures supérieures savent combiner des choses si différentes pour produire un mélange parfait.

Broglie, le duc d'Audiffret-Pasquier, et quelques autres faisaient à Chantilly de fréquentes apparitions, c'est parce qu'ils étaient des amis personnels et qu'ils appartenaient à l'Institut. Jamais, d'ailleurs, on ne parlait politique. Le Prince professait même une grande horreur pour ces sortes de discussions.

Les invités partaient de Paris vers dix heures du matin ; à la gare de Chantilly attendaient les voitures qui les transportaient au château. Le Prince les recevait dans la galerie des Batailles (1), accueillant chacun par son nom, adressant à chacun un compliment et racontant quelquefois, à propos de celui-ci ou de celui-là, une anecdote amusante. A Madame Benjamin Constant, la femme du peintre bien connu et la fille d'Emmanuel Arago, il dit : « J'ai connu votre grand-père, Madame. Je me rappelle avoir vu François Arago aux Tuileries en habit vert. Il avait des cheveux très noirs et un teint bronzé. Comme j'avais une dizaine d'années et que j'avais toutes les audaces, je demandai à Arago pourquoi il portait un habit vert. « C'est, me répondit-il, que j'aime beaucoup les perroquets et leur plumage, et il me plaît beaucoup de ressembler à un perroquet en deuil. »

(1) C'est là où se trouve un magnifique portrait du duc d'Aumale, peint avec son uniforme de général de division.

Les compliments et politesses étant échangés, le Prince montrait à ses hôtes les drapeaux pris à l'ennemi par le grand Condé et les tableaux qui reproduisent les épisodes de la vie de cet illustre guerrier. Il expliquait lui-même, en général et en savant tacticien, les exploits du vainqueur de Rocroi et de Fribourg.

On déjeunait à midi. Durant le repas, la causerie se poursuivait calme, cordiale. Jamais, ou presque jamais, on ne parlait du présent. On s'entretenait surtout du passé ; chacun puisait dans ses souvenirs, mais c'est le duc d'Aumale qui en tirait la plus abondante provision. Sa mémoire était en effet prodigieuse, et son récit vif, mouvementé, pittoresque, rappelait la manière de narrer de Saint-Simon (1). Les convives prenaient le café dans la grande galerie. C'est là que les fumeurs pouvaient se livrer à leur irrésistible distraction. Le prince, d'ailleurs, donnait l'exemple en sortant une petite pipe de bruyère — la pipe du soldat d'Afrique — qui provoqua un jour le récit d'une anecdote curieuse.

Le duc d'Aumale, alors colonel, voyageait à travers la Kabylie. La nuit venue, il s'arrêta pour se reposer et voulut récompenser l'homme qui l'avait

____

(1) Grand seigneur de la cour sous Louis XIV, a laissé des *Mémoires* célèbres (1675-1755).

conduit : « Tenez, mon ami, lui dit-il, voici une pièce qui vous permettra de vous offrir quelque chose à votre convenance. — Mon colonel, répondit le brave homme, pas d'argent ! Donnez-moi plutôt votre vieille pipe, en souvenir. »

Après avoir pris le café, on ne faisait point de musique ni de promenade dans la forêt ; on visitait toutes les galeries du château avec le prince pour cicerone. Et quel cicerone ! Anecdotes et souvenirs se succédaient au profit des invités. C'était, selon le mot heureux de M. Benjamin Constant, « de l'histoire promenée. »

Vers quatre heures, la visite des admirables richesses de Chantilly se terminait dans la bibliothèque, où on rencontrait généralement les convives du dimanche précédent, venus pour faire leur visite de digestion. La causerie se prolongeait jusqu'au moment où le commandant Berthaut, secrétaire du prince, avertissait discrètement chacun que l'heure du train de Paris approchait, car le duc d'Aumale dînait toujours seul et se couchait tôt. On rentrait à Paris par bandes joyeuses ; les membres de l'Institut les plus graves étaient eux-mêmes pleins de gaieté, encore sous le charme de leur journée passée à Chantilly, en compagnie du plus aimable des princes.

Le duc d'Aumale recevait aussi parfois la visite

de candidats soit à un fauteuil soit à des prix de l'Académie française.

Réception à Chantilly.

Un jeune poète lui demanda un jour une audience que le Duc toujours bienveillant lui accorda volontiers.

Le littérateur se présenta portant, sous le bras, le légendaire et volumineux rouleau. « Je voudrais, Monseigneur, concourir pour le prix de X... à l'Académie, et je vous demande la permission de vous soumettre quelques passages de mon œuvre, désirant recueillir, avant mon envoi, votre gracieux avis. »

Le Duc écouta quelques strophes, puis il arrêta l'auteur :

« Beaucoup d'envolée, déclara-t-il, beaucoup d'inspiration, mais une note un peu subversive pour la compagnie. Au surplus, je préfère vous taire mon opinion. »

Le poëte s'éloigna la mort dans l'âme. Le lendemain, il reçut, enveloppée d'un billet de mille francs, la carte du duc d'Aumale avec ces mots écrits au crayon : « Ne confiez à personne ce témoignage d'estime littéraire, vous me feriez au moins trente-neuf jaloux. »

Le prince montrait de la sorte, avec une pointe de malice à l'adresse de ses confrères, autant d'indépendance d'esprit que de bonté.

Mais les années étaient venues apportant le poids des infirmités. Le duc d'Aumale se retirait de plus en plus de la vie du monde, se plaisant surtout dans son rôle d'Académicien.

Il n'y a pas encore huit mois, à la date du jour

où j'écris ce chapitre, le 18 mars 1897, il donnait lecture à ses collègues d'un travail fort intéressant sur la peine de mort, et sur la répugnance de son père à la laisser appliquer, et, à l'appui de ce travail, composé dans le plus louable esprit d'humanité, de mansuétude et de clémence, il leur communiquait des dossiers de condamnés à mort pendant le règne de Louis-Philippe, et des notes mises par le roi sur les recours en grâce formés auprès de lui.

Voilà comment ce noble vieillard, à l'âge de soixante-quinze ans, employait les restes de cette vive et féconde ardeur pour le bien, qui ne devait s'éteindre qu'avec sa vie.

CHAPITRE VII

Mort du Duc d'Aumale. — Ses Funérailles.

Le duc d'Aumale avait l'habitude de se rendre, au printemps de chaque année, dans ses propriétés de Sicile.

C'était le 8 mai 1897.

Le Duc était arrivé depuis peu à Zucco. Il n'avait donné jusqu'ici aucun signe de malaise. Il était monté à cheval tous les jours pendant deux ou trois heures et s'était montré particulièrement heureux de la visite du comte d'Eu, du duc et de la duchesse de Chartres ; mais il avait été très impressionné de la mort affreuse de sa nièce, la duchesse d'Alençon, et des nombreuses victimes de l'incendie du Bazar de la Charité.

Il avait accompagné à la gare de Zucco ses deux neveux, le duc de Chartres et le comte d'Eu, qui partaient pour Paris, afin d'assister aux obsèques de la duchesse d'Alençon. Le duc d'Aumale resta dehors jusqu'à cinq heures du soir, puis rentra dans son cabinet, et y travailla jusqu'à sept heures, à la révision des *Mémoires* de Louis-Philippe, relatifs aux campagnes de 1792. Il expédia, avant neuf heures, des dépêches de condoléances aux familles en deuil par la catastrophe de la rue Jean-Goujon. Puis il resta au salon jusqu'à dix heures, s'entretenant avec la princesse Clémentine, sa sœur, la duchesse de Chartres, la comtesse de Clinchamp et le docteur Toupet.

Vers deux heures du matin, son valet de chambre qui couchait dans sa chambre, entendit un soupir prolongé. Inquiet, il réveilla le docteur qui occupait la chambre voisine. Celui-ci accourut, mais sa science fut inutile et cinq minutes après le duc d'Aumale rendait le dernier soupir, entouré de sa sœur, de la duchesse de Chartres et de la comtesse de Clinchamp.

Le Prince fut vêtu de noir, comme il avait coutume de l'être et laissé sur le très modeste lit de fer où il était mort. Un drapeau français couvrait son corps. Sa dépouille mortelle resta ainsi exposée jusque dans la soirée du 9, où enveloppée dans les plis du même drapeau elle fut déposée dans une bière de bois capitonnée de soie bleue et renfermée dans deux cercueils, un de zinc, l'autre de plomb. A six heures eut lieu la levée du corps et le convoi se forma devant la villa. Quatre gendarmes à cheval ouvraient la marche, suivis par un lieutenant de gendarmerie à cheval. Des paysans et des serviteurs portaient le cercueil sur leurs épaules. Le cercueil était précédé d'une musique funèbre et du clergé qui psalmodiait. La haie était formée par des carabiniers. Les paysans suivaient, tenant des cierges. Puis venaient les membres de la famille d'Orléans, parmi lesquels le duc de Chartres, le prince Pedro, fils du comte d'Eu, arrivés à ce moment et les personnages de leur suite.

La princesse Clémentine et d'autres dames suivaient en voiture, puis le consul et le vice-consul de France, le consul de Belgique, les autorités des communes voisines, le personnel très nombreux du château et les paysans des terres du Duc.

Le transport s'effectua au milieu d'une grande émotion.

Le cortège arriva à la gare à six heures quarante. Le cercueil fut chargé dans un wagon spécial et expédié à Palerme, où la famille l'accompagnait.

A Palerme, où il arriva à sept heures trente-cinq, le cercueil fut transporté au palais du duc d'Aumale sur un char de première classe et déposé dans la petite chapelle transformée en chapelle ardente. Il était décidé que les funérailles seraient célébrées à Dreux, mais qu'avant de quitter

Palerme le cercueil serait transporté à l'église Saint-Joseph où devait avoir lieu un service funèbre.

Le convoi part donc du palais, le 12 mai, à neuf heures vingt-cinq dans l'ordre suivant : un peloton de cavalerie, la musique du 62e de ligne, le général commandant les troupes, deux bataillons du 62e de ligne avec le drapeau, la musique municipale, des sergents de ville, des laquais portant le gonfalon de Palerme, les corporations religieuses, le clergé de la chapelle Palatine, les évêques di Giovanni, correspondant de l'Institut, et Daddi. Vient ensuite le cercueil, couvert d'un drapeau français, sur un affût de canon orné de velours noir et traîné par six chevaux.

Le cercueil est entouré des employés du domaine de Zucco et du palais de Palerme. Deux pelotons de carabiniers sont à droite et à gauche du cercueil.

Les cordons du poêle sont tenus, à droite, par le ministre Codronchi, le président de la Cour d'appel, le général commandant du corps d'armée et le maire ; à gauche, par les présidents de la Cour de cassation et du Conseil provincial, le procureur général et le consul de France.

Après le personnel de la maison du défunt, le duc d'Orléans s'avance seul ; il est suivi par le duc de Chartres, le prince Pierre d'Alcantara et leur suite.

Puis viennent la colonie française, toutes les autorités civiles et militaires, des sénateurs, des députés, le corps consulaire en grande tenue, tous les officiers de l'armée active et de la réserve en grand uniforme.

Suivent des prolonges d'artillerie chargées de couronnes, et des voitures où ont pris place les princesses d'Orléans.

Le cortège est fermé par deux pelotons de carabiniers, un bataillon du 62e de ligne, une batterie d'artillerie et trois pelotons de cavalerie.

A dix heures cinquante, le convoi arrive à l'église Saint-Joseph, et la cérémonie religieuse commence.

A onze heures quinze elle est terminée : la dépouille mortelle du duc d'Aumale est alors placée de nouveau sur l'affût de canon et le cortège, dans le même ordre, se dirige vers la gare. Le cercueil est déposé dans un wagon d'un train spécial. Les princes et les princesses d'Orléans montent dans le train qui part à midi trente, au milieu de l'émotion générale. Le corps du Prince passe successivement par Messine, Reggiocalabre, Rome, Turin et arrive à Paris, en gare de Lyon, le vendredi 14 à neuf heures trente-cinq minutes du soir. Il y a presque exactement cinquante-quatre ans, ce jour-là, que le duc d'Aumale a pris la Smala d'Abd-el-Kader (16 mai 1843).

Le train avance silencieusement, sans aucun bruit de machine : on eût dit l'entrée du train fantôme... Au même instant toutes les cloches de la gare retentissent d'une façon lugubre, ajoutant à cette scène imposante une note profondément triste.

Le wagon-salon s'arrête en face du salon ; les princes et les princesses s'avancent, le prince de Joinville et l'archiduchesse Clotilde en tête.

La princesse Clémentine, très abattue par la douleur, paraît la première : le prince de Joinville l'aide à descendre et tous deux en sanglotant s'embrassent longuement. Cependant Madame la duchesse d'Orléans avait mis pied à terre ; saluée avec respect par les personnes présentes, elle s'avance vers sa mère, l'archiduchesse Clotilde, qu'elle embrasse affectueusement.

Le duc et la duchesse de Chartres, le duc et la duchesse d'Aoste, le prince Pierre d'Orléans-Bragance, fils aîné du comte d'Eu, descendent ensuite du train, suivis du duc de Luynes, du marquis et de la marquise de Beauvoir, du duc Decazes, de la comtesse d'Oilliamson, du colonel Bertarelli, de la comtesse de Clinchamp, du docteur Toupet.

Les princes seuls, précédés par M. l'abbé Bastide, vicaire de la Madeleine, se dirigent vers le wagon dans lequel se trouve le cercueil. Ce wagon avait été transformé en chapelle ardente ; les parois étaient entièrement recouvertes de tentures noires lamées d'argent ; une grande draperie noire fermait l'entrée. Le cercueil était placé sur un socle, enveloppé dans un drapeau tricolore. Une palme verte de lauriers et une couronne étaient placées sur le cercueil.

Le vicaire dit des prières et donne l'eau bénite, puis on descend le cercueil et on le transporte dans un fourgon où se trouvent de nombreuses couronnes de roses et d'orchidées, ornées de rubans avec des inscriptions en italien : une des couronnes a été offerte par la ville de Reggio, une autre par celle de Messine, une troisième par celle de Palerme, Il y avait en outre les couronnes offertes par le duc d'Aoste et celles envoyées par les princes de la Maison de France.

Le fourgon se met en marche vers dix heures, escorté par les voitures de deuil.

A l'arrivée du cortège à la Madeleine, M. l'abbé Hertzog, curé de la paroisse, entouré de son clergé reçoit le corps. Puis le défilé commence. Tous les princes y prennent part.

Le cercueil est ensuite déposé dans une chapelle souterraine, dite chapelle de *compassion*, et, le lendemain, une foule considérable défile toute la journée devant lui.

Le 17, un peu après onze heures, il est enlevé de la chapelle ardente et transporté sous le catafalque dans le chœur de l'église.

A midi les obsèques du duc d'Aumale sont célébrées solennellement.

La vaste nef est trop petite pour contenir la foule des invités qui se pressent aux différentes portes.

Les troupes désignées pour rendre les honneurs militaires à l'illustre général avaient déjà pris position autour de la Madeleine. Elles sont placées sous le commandement de M. le général de brigade Leloup de Sancy, et composées ainsi qu'il suit : un bataillon du 5ᵉ régiment d'infanterie, sous les ordres de son colonel ; un bataillon du 76ᵉ régiment, sous les ordres de son lieutenant-colonel ; une batterie du 13ᵉ régiment d'artillerie avec six pièces de canon et leurs caissons ; un escadron du 2ᵉ régiment de cuirassiers.

Toutes ces troupes en grande tenue de service restent l'arme au pied.

Ces honneurs militaires si solennellement rendus à ce haut dignitaire de l'armée française montrent combien était puéril le décret par lequel on avait prétendu lui retirer son grade et combien il avait eu raison d'y faire la ferme et fière réponse que nous connaissons.

Toute la façade de la Madeleine est tendue de draperies noires frangées d'argent, surmontées d'un bandeau d'hermine avec les armoiries des d'Orléans.

A l'intérieur de l'église, tout autour de la nef, sont disposées des tentures noires, lamées d'argent, avec une bordure sur laquelle sont posés les écussons. Une seconde bordure d'hermine écussonnée aux mêmes armes surmonte la première.

Le catafalque est entouré de torchères et de faisceaux de drapeaux tricolores. Il est surmonté d'un baldaquin que recouvre un dais avec des pendentifs qui descendent de la toiture.

Dans une chapelle de droite, on a déposé les couronnes funèbres envoyées par les souverains et les princes, au nombre desquelles on distingue celles de l'empereur et de l'impératrice d'Autriche avec un ruban jaune et noir, du duc et de la duchesse d'York, du prince de Galles, de la reine Victoria, du roi et de la reine de Portugal.

Sur un coussin d'honneur, placé auprès du catafalque, se trouvent le grand cordon de la Légion d'honneur et la plaque, sur le cercueil l'épée, la première croix de la Légion d'honneur, gagnée en Afrique et la médaille coloniale.

Mgr Richard, archevêque de Paris, est assis à droite dans le chœur. En face de lui se tiennent le général Tournier et le commandant Legrand, qui représentent le Président de la République.

Au premier rang à gauche sont placés les princes et tous les membres de la famille d'Orléans, au premier rang à droite, les princesses et toutes les dames, derrière, les délégués de l'Institut, les ministres, toutes les notabilités militaires, les membres du corps diplomatique au grand complet, le préfet de la Seine et le préfet de police.

Pendant la messe, dite par l'abbé Hertzog, les chœurs de l'Opéra, accompagnés de l'orchestre dirigé par l'abbé Chérion, exécutent le *Requiem* de Mozart, le *Dies iræ* en faux bourdon, le *Sanctus* de Théodore Dubois, le *Pie Jesu* de Faure, le *Libera me* de Théodore Dubois et l'*In Paradisum* de Gabriel Fauré. Les soli sont chantés par Muratet et Balard.

Cette belle musique religieuse toujours d'une si grande puissance, jointe à l'émouvante et gran-

Les Funérailles.

diose cérémonie, impressionne vivement l'auditoire et fait couler bien des larmes.

L'archevêque de Paris donne l'absoute, et le corps du duc d'Aumale est porté à l'entrée de l'église où l'archevêque en chape noire et mitre blanche prononce quelques prières. Puis le cercueil est placé sur le palier de l'escalier, les invités se rangent autour dans le même ordre qu'à l'église ; le défilé des troupes va commencer. En effet, les trompettes de l'artillerie et de l'escadron de cuirassiers se font entendre : elles sonnent le « Garde à vous ! »

Aussitôt les commandements retentissent de toute part, et la musique du 5ᵉ régiment d'infanterie ouvre le défilé aux accents de la *Marche de Sambre-et-Meuse*.

Le général Leloup de Sancy, devant son état-major, est juste placé en face du cercueil.

Derrière la musique, les compagnies du 5ᵉ régiment d'infanterie défilent en colonne à distance entière ; les officiers supérieurs seuls saluent du sabre en passant devant le corps.

Le 76ᵉ régiment vient ensuite, puis l'artillerie suivie des cuirassiers.

Les drapeaux des deux régiments saluent la dépouille du général-duc et les hampes inclinées vers la terre reçoivent à leur tour de tous les assistants un salut plein d'émotion patriotique.

Le défilé, qui dure à peine un quart d'heure, est fermé par le général Leloup de Sancy : d'un geste large du sabre il vient saluer la dépouille mortelle de l'immortel vainqueur de la *Smala*, et le cercueil est de nouveau déposé dans la chapelle ardente.

Le lendemain à six heures du matin il est enlevé et conduit à la gare Saint-Lazare où il est transporté dans un fourgon de la compagnie de l'Ouest aménagé en chapelle ardente.

Deux religieuses montent dans le fourgon mortuaire qui est dirigé aussitôt vers le train spécial en partance pour Dreux, où prennent place tous les membres de la famille et les personnages les plus marquants parmi les invités.

Le train part à sept heures quarante-cinq et arrive en gare de Dreux à neuf heures trente.

La levée du corps est faite immédiatement par le curé de la ville, puis le cercueil est placé dans un corbillard orné de drapeaux tricolores et traîné par six chevaux que conduisent des piqueurs à pied.

En tête s'avancent deux voitures de deuil avec le clergé et derrière le corbillard marchent les serviteurs, la famille, les délégations et les invités.

Le cortège traverse la ville au milieu d'une affluence énorme de population rangée le long des trottoirs.

Les becs de gaz sont allumés et voilés de crêpe. Le convoi arrive ensuite à la chapelle Saint-Louis, bâtie sur le coteau qui domine la ville. Le cercueil est alors transporté sous un catafalque long de sept mètres, entouré de quatre lampadaires avec de nombreux cierges, et surmonté de la couronne royale couverte d'un crêpe.

La messe de *Requiem* est célébrée par le chapelain, l'absoute donnée par le vicaire général de Chartres, puis le corps descendu dans la crypte.

Sur le cercueil on place une couronne d'or avec branche de laurier et de chêne entourant un écusson des d'Orléans en émail sur lequel se lit l'inscription suivante :

A S. A. R. le Duc d'AUMALE

Les Employés de sa Maison et de ses Domaines.

Suivant la volonté du défunt aucun discours n'est prononcé.

A midi la cérémonie était terminée.

Le vœu le plus cher du duc d'Aumale avait toujours été de mourir dans sa patrie. Mais, si ce vœu n'a pas été exaucé, il a au moins le bonheur de dormir son sommeil au cœur même de cette France qu'il a tant aimée et à la grandeur de laquelle il a travaillé avec passion pendant toute sa vie.

J'ajouterai qu'il a emporté dans la tombe les regrets unanimes, privilège bien rare qui sera conservé à sa mémoire ; car il était par excellence l'homme charmant, bon et généreux.

C'était aussi, par excellence, l'homme juste et droit : jamais il n'a employé à un usage politique une parcelle de son immense fortune dont le poids eût pu avoir de singuliers effets dans une société où l'argent joue malheureusement un rôle si considérable.

Cette grande figure patriotique demeure sans une seule ombre à ce point de vue éminemment populaire dans une démocratie.

CHAPITRE VIII

Le Chrétien.

Le duc d'Aumale était un vrai croyant, plein de ferveur, mais très scrupuleux et très humble. J'en veux pour preuve ce qu'il dit, quelques semaines seulement avant sa mort, le 1er avril 1897, à son illustre et cher confrère de l'Académie française, Mgr le cardinal Adolphe Perraud : « Eminence, je me recommande *beaucoup* à vos prières. »

Il avait évidemment plus de confiance dans l'efficacité des prières de l'éminent prélat que dans les siennes, ou tout au moins il sentait qu'il en avait grand besoin pour s'assurer à son heure dernière la miséricorde de Dieu, craignant sans doute de ne pas avoir encore assez fait pour lui. On ne saurait pousser plus loin le scrupule religieux et l'humilité chrétienne. Car il avait toujours aimé et servi Dieu, comme il avait toujours aimé et servi la Patrie, *de tout son cœur*. Et on peut dire que, dès sa plus tendre enfance, sous la direction de sa *sainte mère*, il avait appliqué la *maxime des saints*, en entrant dans la vérité par la charité.

Au surplus, aucune voix ne s'est élevée et ne pourrait s'élever avec plus d'autorité que celle de Mgr le cardinal Perraud pour célébrer la *vertu chrétienne* du duc d'Aumale. Je me contenterai donc de citer à ce sujet les propres paroles que Son Eminence a prononcées en terminant son *Allocution* faite le 10 Juin dernier, dans l'église Saint-Germain-des-Prés, en présence de toutes les sommités litté-raires, scientifiques et artistiques de l'Institut de France : « Le 21 mars 1660, au moment où Bossuet montait en chaire dans l'église des Minimes, on l'avertit que le prince de Condé venait de prendre place dans l'assemblée. Au lieu de se déconcerter, le jeune prédicateur (il avait alors trente-trois ans) ne craignit pas d'annoncer, à la fin de son exorde, qu'il se proposait d'abattre *tout de son long* devant la croix du Sauveur l'idole de l'honneur du monde. »

Non seulement M. le Prince ne fut pas offusqué de ce langage, mais il paraît probable que la liberté sainte avec laquelle avait été donné cet enseigne-ment tout évangélique devint pour lui le point de départ d'un travail de grâce qui devait aboutir à faire de lui avant sa mort un chrétien, un vrai

Dernier portrait du Duc d'Aumale.

chrétien, humble, pénitent, docile aux prescriptions de l'Eglise, courbant sous ses pardons sa tête chargée de lauriers.

J'emprunte ces détails, Messieurs, au dernier chapitre de l'*Histoire des princes de Condé*.

Ce chapitre, il vous en souvient, mes chers confrères de l'Académie française, l'auteur nous en donnait lecture il y a deux ans, au moment où allait paraître le septième et dernier volume de son grand travail.

Me suis-je fait illusion ? En relisant ces pages, il m'a semblé que, sous la trame très scrupuleusement exacte des faits historiques, se cachait une sorte d'autobiographie, et que j'entendais le murmure discret d'une confidence intime.

Est-ce le grand Condé tout seul (je cite mon historien), qui, « élevé très religieusement, avait été entraîné par la vie de guerre et de plaisirs, et par la négligence des pratiques religieuses, d'abord à l'indifférence, puis à la négation ? »

Mais (je continue à citer) : « Le temps, la réflexion, les épreuves de la vie », des rapports suivis avec Bossuet, par-dessus tout, la grâce de Dieu, avaient agi sur cette âme loyale. Du panthéisme de Spinoza dont il avait été pendant quelque temps l'adepte, il avait passé à la philosophie hautement spiritualiste de Descartes (1). On l'avait vu « se rapprocher du christianisme, en accepter la morale et les dogmes. »

Enfin (je cite toujours) : « Les émotions du cœur achevèrent la transformation, laquelle amena une conversion sincère, graduelle, longuement méditée, accomplie gravement, simplement, publiquement, sans calcul humain, sans ostentation et sans mystère (2). »

De là, cette mort à la fois très courageuse et marquée au cachet de la plus haute piété dont le récit, qui confirme par des documents de famille le témoignage de Bossuet, forme la conclusion du dernier volume de l'*Histoire des Princes de Condé.*

Or, je ne crois pas me tromper, en disant que, tandis que l'auteur écrivait ces pages, son cœur formulait tout bas le vœu exprimé dans nos Livres saints : « Que mon âme meure de la mort de ces justes, et que mes derniers instants ressemblent aux leurs. »

Je le sais. La crise de Zucco fut soudaine. J'aime à penser qu'elle ne fut pas imprévue. Le duc

(1) Célèbre philosophe français, physicien, géomètre, auteur du *Discours sur la Méthode,* fondateur de la philosophie moderne (1596-1650).
(2) *Histoire des Princes de Condé,* vii, 760.

d'Aumale avait dû s'approprier et appliquer à la grande affaire de son salut une parole que Bossuet nous affirme avoir été une des maximes favorites de Condé : « Un habile capitaine peut bien être vaincu. Mais il ne lui est pas permis d'être surpris. »

De fait, le duc d'Aumale avait vu la mort de très près au mois de décembre dernier. Il avait pour ainsi dire subi avec elle une première confrontation. Il avait compris le solennel avertissement qu'elle était venue lui donner de la part du souverain Juge.

Comme Condé mourant, il avait instamment réclamé l'assistance des médecins de l'âme.

Lui aussi, dans cet assaut, et ainsi qu'on l'avait vu faire à Louis de Bourbon, s'était souvenu des prières latines apprises dans son enfance, et les avait récitées tout haut, et en particulier des *Ave Maria* auxquels il avait ajouté cet expressif et touchant commentaire :

« Toute ma vie, j'ai beaucoup aimé la Sainte Vierge. »

O Prince, ceux qui vous ont si justement admiré, comptent davantage pour votre salut et pour votre bonheur sur votre filiale confiance envers Marie que sur les actions les plus glorieuses de votre carrière terrestre. Formé, comme vous l'aviez été, par une mère foncièrement chrétienne, vous saviez bien — *vous savez mieux encore maintenant* — que les mérites de l'homme, si achevés qu'on les suppose, sont hors de toute proportion avec la béatitude filiale et le privilège d'être admis à la vision et à la possession de Dieu.

CONCLUSION

Maintenant que nous connaissons à fond la vie et l'œuvre du duc d'Aumale, il me semble bon de porter un jugement sur le littérateur, le soldat et l'homme qui se confond en lui avec le chrétien.

Assurément, il a écrit des ouvrages qui resteront, parce qu'à côté d'un esprit solide et profond on sent battre, à chaque page, à chaque ligne, un cœur de Français et de patriote.

Entre tous ses ouvrages il en est un qui l'emporte de beaucoup sur tous les autres par son étendue et son importance, c'est son *Histoire des Princes de Condé* en sept volumes, à la confection de laquelle il a consacré presque toute la seconde partie de sa vie, « une œuvre, comme l'a fort bien dit un Académicien (1), vraiment classique par l'ampleur des fondations, la richesse et la pureté des matériaux, la beauté de l'ordonnance, l'élégance de la structure et l'harmonie des proportions », en

____

(1) Le comte Albert Vandal.

rapport parfait avec le style « fait des meilleures qualités de notre race : la clarté, le naturel, l'entrain, l'éclat discret et contenu », qui révèlent un écrivain nourri de la moelle de l'antiquité et des excellentes traditions de notre littérature (1).

Voilà certes une œuvre à jamais durable, mais il nous en a laissé une entre toutes immortelle, c'est la part glorieuse qu'il a prise à la conquête de notre colonie, en se montrant toujours humain et magnanime dans la victoire.

Le duc d'Aumale a donc bien mérité non seulement des lettres, mais encore de la grande patrie française et de l'humanité, — j'ajouterai de Dieu par sa pratique constante de la justice et du bien.

(1) Cette longue et belle étude sur les Princes de la maison de Condé est, à divers égards, une étude de premier ordre : certains chapitres sont des modèles de composition et d'exposition ; certains récits de bataille ont un mouvemement, certains portraits un relief qui méritent le nom de chef-d'œuvre. En maints endroits on rencontre vraiment la vision du génie : esprit pénétrant et railleur, jugement sûr et droit, spontanéité, chaleur, bravoure, enthousiasme, toutes ces qualités intellectuelles et morales, tous ces dons précieux de l'âme se fondent pour fournir un élémeut de force harmonieuse et superbe. Le duc d'Aumale devait du reste à cette œuvre magistrale sa réception à l'Académie des Sciences morales et politiques dans la section d'Histoire générale et philosophique.

APPENDICE

Nous donnons ici des extraits du discours prononcé à l'Académie Française par le Duc d'Aumale sur le comte de Montalembert; ils offrent le double avantage d'accuser le talent du peintre en même temps que la vérité du portrait.

Le 12 juin 1553, les Impériaux montaient pour la troisième fois à l'assaut de Thérouane, l'antique cité d'une des plus belliqueuses tribus de la Gaule, et l'un des boulevards de notre frontière du Nord. Ils s'avançaient irrités d'une résistance qu'ils ne s'attendaient pas à rencontrer dans une ville des plus mal pourvues. Au sommet de la brèche, au premier rang des assiégés, se tenait un vieillard plus que septuagénaire, le visage tout décomposé par la fièvre et par la jaunisse : c'était le commandant de la place, ancien compagnon du roi François et de Bayard. Une pique à la main, il attendait l'ennemi pour le recevoir comme il avait fait aux deux attaques précédentes.

Dès qu'au milieu des décombres il vit paraître le premier des assaillants : « A moi ! cria-t-il, à moi, « capitaine ou enseigne ! Je suis le général. » Et presque aussitôt il roula, frappé d'un coup d'arquebuse, tenant la parole qu'il avait donnée au roi : « Sire, je suis bien malade ; mais, quand vous « apprendrez que Thérouane est pris, dites har-« diment que votre serviteur..... est bien guéri ; « madame la jaunisse n'aura pas l'honneur de « me faire mourir. »

Dans cet entrain chevaleresque, dans ce dévouement à soutenir une lutte désespérée, dans cette forme originale et fière du courage, vous retrouvez, Messieurs, des traits qui vous sont connus. Le défenseur de Thérouane était un Montalembert. Seize de ses descendants furent comme lui tués sous le drapeau, et nous pouvons ajouter à cette liste héroïque le nom d'Arthur de Montalembert, colonel du 1ᵉʳ de chasseurs d'Afrique, enlevé par le choléra tandis qu'il conduisait son régiment dans une expédition au Maroc. La mort du soldat à l'hôpital, devant l'ennemi, c'est aussi la mort au champ d'honneur.

Le frère aîné de ce brave officier, Charles Forbes de Montalembert, était le premier de sa famille qui ne fût pas d'épée ; mais, on l'a déjà dit, sa parole était une épée. Il porta dans les mêlées

parlementaires l'ardeur, la fougue qui entraî-
naient ses aïeux au combat, et par sa vaillante
éloquence il conquit la renommée que ceux-ci
cherchaient à la guerre. Il mérita l'honneur de
siéger au milieu de vous. Vos suffrages allèrent
le trouver à la tribune de l'Assemblée nationale,
au moment où les accents de sa voix y retentis-
saient avec le plus d'éclat, où sa parole avait
acquis toute sa puissance, soulevait le plus d'enthousiasme ou de colère. Mais quel contraste !
lorsqu'il vint vous remercier, la tribune politique
était muette, et cette enceinte était seule où pût
vibrer une libre parole. Vous vous rappelez quel
voile de tristesse semblait envelopper cette réunion,
lorsque le public que vous conviez à vos séances,
comptant les places vides sur vos bancs, cherchait des yeux ceux de vos illustres confrères
qui venaient d'être séparés de vous par l'exil.

L'exil ! que de souvenirs ce mot réveille dans
mon cœur ! et comment ne pas le prononcer
aujourd'hui ! car, si je me vois appelé à vous
parler de ce grand orateur et de ce grand chrétien,
c'est que vous avez voulu vous associer à la généreuse résolution de l'Assemblée nationale qui
m'ouvrait les portes de la patrie. Vous m'avez
recueilli au moment où je mettais le pied sur le
sol de mon pays ; vous avez admis le proscrit

d'hier dans cette compagnie qui porte le nom de la France. A la douleur inexprimable de retrouver la patrie vaincue, mutilée, sanglante, se mêlait la joie de la revoir, d'en respirer l'air, de pouvoir la servir, de lui dévouer mon fils. Messieurs, depuis le jour où vous m'avez fait cet honneur, il a plu à Dieu d'éteindre la dernière flamme de mon foyer domestique.

Ah ! permettez qu'ici j'interrompe l'ordre consacré par l'usage, et qu'en vous lisant quelques lignes empruntées aux œuvres de M. de Montalembert, je vous fasse avant tout connaître ce qu'il y avait de tendresse dans le cœur de cet orateur véhément, de douceur et de poésie dans l'âme de cet intrépide soldat du Christ et de la liberté.

C'est un fragment de l'éloge de Lacordaire où il parle de « cet amour qui est de tous le plus pur
« et le plus ardent, le plus tendre et le plus légi-
« time, qui, né le dernier, l'emporte sur tout et
« survit à tout. C'est la passion du père pour
« l'enfant, pour la jeune âme bienheureuse qu'il
« voit éclore sous ses yeux... Rien, non, rien dans
« la religion elle-même n'attire vers Dieu, ne
« révèle Dieu, comme la foi et la bonne foi de
« l'enfant, comme son cœur, sa voix et son regard ;
« ce cœur si innocent et si passionné, qui veut

« tout avoir parce qu'il se donne tout entier, et
« tout savoir parce qu'il n'a rien à cacher : cette
« voix d'une mélodie si candide et si suave, qui
« parle à l'homme comme il faudrait toujours
« parler à Dieu... Je m'arrête de peur que ces
« lignes n'aillent navrer quelque cœur déses-
« péré de n'avoir pas connu cette félicité, ou,
« l'ayant connue, de l'avoir perdue sans re-
» tour (1). »

Messieurs, il me semble qu'après cette page je
n'aurai plus à vous parler du cœur de M. de Montalembert. Son cœur est là ; il s'y est peint lui-
même. Si cette tendre image n'est pas nouvelle
pour nous qui avons pu jouir de son intimité, elle
surprendra peut-être ceux qui se rappellent surtout le citoyen ardent dans les luttes politiques,
le polémiste passionné et militant. Je vais essayer
maintenant de remplir la tâche difficile que votre
suffrage m'a confiée.

Les souvenirs que j'évoquais tout à l'heure,
en vous adressant la parole, témoignent de l'ori
gine de M. de Montalembert ; il était impossible
d'appartenir plus complètement à la France. Les
noms qu'il reçut au baptême nous apprennent
qu'il était né sur la terre étrangère. Sa famille

(1) *Le Père Lacordaire*, Œuvres de M. de Montalembert, IX.

avait été dispersée par le vent des révolutions.
Tandis que son grand-oncle, ingénieur éminent,
continuait, sous la direction de Carnot, pour la
défense de la République, les travaux qui, dès
1747, lui avaient ouvert les portes de l'Académie
des sciences, son père émigrait et se fixait en
Angleterre, où il se maria en 1808. Votre illustre
confrère y naquit deux ans plus tard. Le nom
de Forbes, qui, suivant une coutume étrangère
à notre pays, accompagnait le vieux titre poitevin
de sa famille, était celui d'un antique clan d'Ecosse
auquel appartenait sa mère. Le caractère de l'enfant garda l'empreinte de cette alliance. Une éducation originale, sans plan bien arrêté, résultat
presque forcé d'un enchaînement de circonstances,
développa cet ensemble de goûts, d'opinions, de
qualités, de vertus, dont l'heureux mélange fit
un homme accompli, type remarquable de l'union
de deux races.

Après la Restauration, le comte René-Marc de
Montalembert suivit en France les princes dont
il avait partagé l'exil; mais le nouveau gouvernement lui confia une mission qui l'éloignait encore
du sol de la patrie. Ministre à Stuttgart, il ne
voulut pas associer son jeune fils aux incertitudes
de la vie, souvent errante, d'un diplomate. Le
petit Charles fut confié à son grand-père maternel,

et sa première enfance s'écoula doucement au foyer d'un aïeul bienveillant, érudit et artiste, qui, surprenant en lui les signes d'une distinction précoce, mettait à la portée de cette délicate intelligence le fruit de ses recherches et de ses travaux. M. Forbes habitait un des coins les plus frais et les plus verts des environs de Londres, près de la célèbre école de Harrow, où deux hommes qui devaient inspirer plus tard à votre confrère une vive admiration, le plus grand poète et un des plus grands hommes d'Etat de l'Angleterre moderne, Byron et Peel, venaient d'achever leurs études. Exclu de Harrow par son âge et par sa foi, le jeune Montalembert passait souvent ses matinées dans un établissement plus modeste, où il était envoyé, non pas pour commencer ses classes, suivant l'expression consacrée dans notre pays, mais pour apprendre à pratiquer la vie et le travail en commun.

Il y avait alors, en dehors des grandes fondations, deux sortes d'écoles en Angleterre : les unes, où la combinaison d'une indépendance qui nous étonne et d'une discipline qui peut nous paraître cruelle inspire de bonne heure à l'enfant, avec le sentiment de la responsabilité, l'habitude de la franchise et d'une obéissance qui n'a rien de servile ; d'autres, où le manque de surveillance

et de sordides calculs donnaient lieu à des abus
qui ont heureusement disparu, mais dont la vive
imagination d'un romancier célèbre, Charles Dickens, stimulée par d'amers souvenirs, nous a
laissé d'émouvantes peintures. C'était un de ces
contrastes que parfois encore on rencontre en
Angleterre, et qui choqueraient davantage si on ne
les voyait s'effacer chaque jour, si l'observateur
attentif ne remarquait avec quelle persévérance ce
grand, heureux et libre pays s'applique à corriger
ce qui est mal, sans détruire ce qui est bien.

La maison de Fulham, située sur les bords
riants de la Tamise, ne ressemblait par aucun
trait aux écoles décrites par Dickens. Montalembert y resta peu de temps, assez cependant pour
en retenir une impression utile, et ne jamais
oublier la langue anglaise qu'il écrivait et parlait
avec correction et facilité.

Un coup de foudre vint interrompre ces premiers essais d'éducation publique. Le vieillard
qui était le guide et l'ami de l'enfant expira entre
ses bras, dans une chambre d'auberge. Ce fut
l'initiation de M. de Montalembert à la douleur,
ce fut pour lui la première de ces surprises que
la mort nous prodigue et qui se répètent sans
jamais nous trouver prêts à les recevoir.

Un assez long temps s'écoula avant que l'écolier

de Fulham fût astreint à la règle d'un collège. Des leçons particulières, des cours qui semblaient au-dessus de son âge, quelques voyages remplirent les six années que les vieilles méthodes françaises consacrent au travail assidu, méthodique, fixé par un programme. L'expérience réussit, grâce aux dispositions d'une nature d'élite, grâce à la fermeté des principes déjà gravés dans ce jeune et bon cœur, et lorsque, dans sa dix-septième année, il devint élève du collège Sainte-Barbe (1), il débuta par des succès au concours général. Résolu à devenir un humaniste excellent, il ne consacrait pas seulement aux études littéraires et philosophiques ce que nous pourrions appeler les heures réglementaires, quoiqu'il le fît avec conscience ; acceptant avec soumission notre discipline universitaire, il continua la pratique du travail individuel, que lui avait enseignée son contact avec les écoles anglaises et allemandes, et qu'avaient confirmée les leçons d'éminents professeurs. Ouvrez le recueil des lettres qu'à dix-sept ans il écrivait à un condisciple ; voyez le plan de lecture qu'il avait adopté pour charmer ses vacances, et qu'il exécutait avec une merveilleuse exactitude. En tête de la

(1) Aujourd'hui collège Rollin.

liste vous trouvez les Grecs et les Latins, l'Odyssée
et les lettres de Pline, puis le chef-d'œuvre de la
prose française : les *Provinciales;* puis enfin ces
poètes anglais qu'il chérissait et où déjà il trouvait
des souvenirs, Suivez les confidences de cette
jeune âme qui s'épanche dans une correspondance
de chaque jour. L'amitié suffit encore à nourrir
la tendresse de son cœur, et comme il en parle!
Comme il est sous le charme quand il rencontre
de Thou se dévouant pour Cinq-Mars, quand il
écoute le rêveur Posa parlant à don Carlos, ou
le mélancolique Moore chantant les malheurs de
la verdoyante Erin! Voyez-le saisir au passage
toutes ces formes souvent vagues, leur donner
un corps, s'approprier les peintures où il retrouve
la passion concentrée sur l'amitié, la patrie, la
liberté, la foi!

On surprend aussi dans ces lettres le futur orateur qui s'essaie, l'homme politique qui se prépare. Ce ne sont pas seulement les débats de nos
chambres qui l'occupent, chose commune à cette
époque où l'indifférence politique n'avait pas
encore atteint nos jeunes générations. Mais ce
qui était rare et qui, je crois, le sera de tout
temps, c'était de voir un écolier en congé prendre,
pour se distraire, le livre de Delolme et les annales
des chambres anglaises, remonter aux sources

pour étudier les théories constitutionnelles et l'éloquence parlementaire, oublier à seize ans le fusil
ou le cheval pour se promener en déclamant.
« Souvent, au milieu d'un bois, je commence
« une improvisation fougueuse contre le minis-
« tère, puis, avec ma vue basse, je tombe nez
« à nez sur quelque bûcheron où quelque paysan
« qui me regarde d'un air ébahi et me croit sans
« doute échappé d'une maison de fous. Moi,
« couvert de honte, je me sauve à toutes jambes,
« et puis je recommence à gesticuler et à décla-
« mer. » Dans son enthousiasme, il croyait voir
le grand évêque de Meaux mêlé aux luttes parlementaires, et il s'écriait : « Bossuet à la tribune !
« Quel spectacle (1) ! »

Parmi les modèles qu'il étudiait, un surtout
l'entraînait par ses mouvements oratoires, c'était
Grattan. La parole enflammée de ce tribun trans-
forma en un véritable zèle le sentiment un peu
vague que la poésie de Moore avait d'abord inspiré à Montalembert. Il s'éprit de l'Irlande, il
voulait écrire son histoire depuis 1688 ; dans le
plan de ce travail conçu à dix-huit ans, sa pensée
se proposait le double but qu'il devait poursuivre
toute sa vie : « Je veux présenter à la France

(1) « Lettres du comte de Montalembert à un ami de collège, »
1827-1829.

« l'exemple d'une nation qui a perdu sa liberté
« par sa complaisance pour le trône, et rendre
« justice au catholicisme en déployant le tableau
« des vertus, surtout du patriotisme qu'il a engen-
« drés en Irlande. » M. de Montalembert révèle
dans ces quelques lignes le secret de sa vie ; son
choix est fait. Déjà, s'il m'est permis d'emprunter
à nos théologiens l'expression dont ils se servent
pour définir le plus auguste et le plus impéné-
trable des mystères du christianisme, déjà on voit
deux natures se confondre en lui : il est et il sera
toujours non-seulement catholique et libéral, mais
catholique et libéral tout ensemble.

Les opinions de Montalembert sur l'art étaient
le fruit d'études si complètes, il les a exprimées
avec tant d'originalité et de verve, que vous me
permettrez de vous y arrêter un moment.

C'est sous la forme chrétienne que le beau frap-
pait les yeux et saisissait l'esprit de ce croyant.
C'est à cette forme qu'il appliquait résolument
et librement les règles de l'esthétique ; son admiration rétrospective, dépassant les limites que des
juges moins spiritualistes n'avaient pas encore osé
et n'osent pas toujours franchir, atteignait ces
temps que les Italiens d'alors, — ils ont un peu
changé, — appelaient *tempi bassi*. Et quand cette
définition méprisante était encore acceptée par

beaucoup de critiques, avant que le goût général se fût modifié, il savait apprécier et louer les *primitifs* ; c'est, je crois, le mot actuel.

Son cœur d'artiste était à Sienne. Là il était à l'aise sur la place de la Seigneurie, en face de ces étages de palais fortifiés, ou bien sous les arceaux de l'incomparable cathédrale, arrêté devant un tableau de Sodoma, contemplant les fresques si fraîches, si pures, si éclatantes du Pinturicchio ; ou bien encore feuilletant ces manuscrits décorés par des miniaturistes qui n'ont pas eu de rivaux ; à chaque pas il rencontrait quelqu'un des chefs-d'œuvre accumulés dans cette ville étrange et charmante où revivent tous les grands souvenirs des républiques italiennes, et dont les murailles ruinées conservent encore la trace du siège héroïque soutenu par Blaise Montluc et ses compagnons, lorsqu'ils défendaient contre les Impériaux ce dernier boulevard des franchises municipales et nationales du moyen âge.

Florence, Rome même répondaient moins que Sienne à l'idéal de Montalembert. A Florence il trouvait bien Dante, — un moment même, atteint, comme tant d'autres, de la folie dantesque, il fut sur le point de commenter la *Divine Comédie*, fâcheuse erreur dont sa bonne étoile le préserva ; — il trouvait aussi Giotto, auquel il préférait

Giottino, je ne sais trop pourquoi, Fra Angelico,
Simon Memmi et tant d'autres ; mais, à l'entendre,
les Médicis avaient tout gâté. A Rome, les sentiments du fils soumis de l'Eglise gênaient un
peu les libres appréciations du critique. Les débris
des monuments élevés par les Césars n'avaient
d'attrait pour lui que lorsqu'ils étaient purifiés
par le sang des martyrs, et le moment qui, pour
le grand nombre, marque l'apogée de l'art chrétien, était à ses yeux le commencement de la
décadence.

M. de Montalembert appréciait avec une parfaite liberté d'esprit les opinions et les actes du
clergé, lorsque le dogme et la foi n'y étaient pas
intéressés, et notamment pour tout ce qui tou-
chait à l'art. Ainsi il fut un des premiers, un des
plus ardents, à reprocher à notre vénérable et
patriote clergé de France l'état d'abandon dans
lequel étaient restés si longtemps nos monuments
d'architecture religieuse, ou les soins peu intel-
ligents qui avaient été donnés à leur conservation.
Il est vrai que ce blâme atteignait surtout certaines traditions gallicanes dans le système de restauration ou de mutilation inauguré au XVII\ :^e siècle
et continué jusqu'à l'époque où votre regretté
confrère prit tantôt la plume et tantôt la parole,
pour s'associer au mouvement des esprits qui

réhabilitait le moyen âge ; il marcha dans cette campagne à côté des romantiques, sans jamais se mêler complètement à leurs rangs ; émule plutôt qu'adepte de celui qui avait conduit si vaillamment l'avant-garde, l'illustre auteur de *Notre-Dame de Paris*, il se rapprochait, par l'ensemble des doctrines, de celui d'entre vous, Messieurs, que je puis appeler à bon droit le premier de nos critiques d'art.

Et la lutte fut persévérante ; même après les grands succès remportés par les historiens, par les romanciers, par les critiques, Montalembert veillait, découvrait de nouveaux méfaits et les signalait à l'indignation publique ; défendant les souvenirs de la patrie, les remparts de Beauvais où avait combattu Jeanne Hachette, ceux d'Avignon auxquels les papes n'avaient pu ôter cette empreinte que les Sarrasins ont laissée sur la civilisation du Midi ; le collège Montaigu, dont la noire façade semblait perpétuer la tradition scolastique au sommet du pays latin ; et cette flèche de notre vieille basilique qui, après avoir échappé au marteau en 93, avait disparu dans une tentative de réparation ; elle qui, pendant des siècles, servant comme de phare, signalait au voyageur l'approche de Paris ! Revoir le clocher de Saint-Denis, c'était presque un proverbe, c'était le rêve

du marin, du soldat, de l'exilé, de tous ceux que
les chances du service ou les coups de la pros-
cription retenaient loin de la patrie !

Ces vivacités de langage n'empêchèrent pas un
ministre libéral d'appeler M. de Montalembert
dans le comité des monuments historiques. Nul
n'y avait sa place mieux marquée. Il en sortit plus
tard sur l'ordre d'un gouvernement qu'il avait
peut-être contribué à fonder ; il y était entré par
le choix d'un gouvernement auquel il faisait
opposition. C'était en effet comme orateur d'opposition que M. de Montalembert avait reparu à la
chambre des pairs, et que pendant dix ans il
occupa souvent la tribune, non pour faire une
guerre de principes aux cabinets qui se succé-
dèrent pendant cette période, mais pour se livrer
à la critique indépendante de certains actes de
l'administration, de certaines tendances du pouvoir, critique qu'il faisait à son heure, sans visées
personnelles ni esprit de parti, sans autre but que
d'exprimer son opinion. Ce rôle convenait à son
âge et au genre de son talent, talent déjà brillant
et remarqué, mais qui n'avait pas encore atteint
ni sa maturité, ni toute sa force.

Il y a deux sortes d'éloquence, disait Cicéron :
l'une qui instruit, qui persuade par une discussion
habile et serrée, l'autre qui enflamme par la pas-

sion et qui s'impose par la puissance. Ceux qui,
parmi les modernes, ont le plus pratiqué l'art de
bien dire en public, les Anglais, reprenant la
définition de Cicéron, l'expriment avec cette con-
cision énergique, dont leur langue a le secret et
qui défie la traduction, les Anglais divisent en
deux classes les hommes qui exercent parmi eux
l'empire de la parole ; je ne dirai pas les hommes
de tribune, puisqu'il n'y a pas de tribune dans
les salles vénérables de Westminster, mais ceux
qui conduisent les affaires dans le parlement
britannique. Le *debater* est celui qui sait surtout
argumenter ; l'orateur est celui qui entraîne plutôt qu'il ne persuade ; Montalembert était un
orateur.

Même hors de l'arène des luttes parlementaires,
je ne crois pas qu'il fût possible de l'entendre dans
une réunion, d'avoir avec lui un entretien de
quelque durée, sans être frappé de cette ampleur
naturelle, de ce vif sentiment de la couleur, de cet
instinct des grands effets de langage, de l'imprévu,
du coin particulier dont sa parole était frappée
comme une médaille. Sa conversation, ses écrits,
prenaient toujours le tour oratoire ; c'est son trait
distinctif comme écrivain, et ce serait presque un
défaut littéraire si le bonheur de l'expression et
la hauteur des idées ne faisaient oublier ce que

sa phrase a parfois de trop abondant. Il semble abuser de la période, mais cette forme est si spontanée qu'on n'éprouve aucune fatigue à la voir si souvent répétée. Cicéron blâmait les Romains qui écrivaient leurs discours après les avoir prononcés, non pour les prononcer ; c'est un reproche qu'on n'a pas souvent l'occasion d'adresser aux modernes ; on ne le faisait pas à M. de Montalembert ; assurément il n'était pas de ces orateurs qui parlent et ne peuvent écrire. S'il a composé d'avance quelques-uns de ses discours, la vivacité foudroyante de ses répliques atteste qu'il pouvait beaucoup compter sur lui quand il abordait la tribune. Souvent même, au milieu de parties très préparées, écrites peut-être, il a risqué une improvisation complète, et il était si bien armé par la nature et par l'étude qu'il était impossible à ses auditeurs ou à ses lecteurs de saisir le joint, la soudure entre le jet spontané et les phrases moulées d'avance. En parlant de cet admirable improvisateur que vous aviez appelé parmi vous, du Père Lacordaire, il a tracé une image dont plusieurs traits peuvent être appliqués au peintre lui-même, indiquant jusqu'aux écueils qu'il cherchait à éviter, proscrivant surtout le lieu commun, « Epaminondas et Brutus », par exemple, « l'épée de Damoclès » ou « le météore impérial. » Le fond solide de son érudition classique et historique lui fournissait les ressources qui manquaient à son ami. Chez lui l'éloquence faisait briller un génie développé par une application constante, et la grave simplicité de l'attitude relevait l'éclat de sa parole.

Sobre de gestes, la voie haute, pénétrante, avec cette vibration particulière que l'Assemblée nationale retrouve aujourd'hui dans une autre voix bien puissante aussi qui étonne d'abord, mais qui bientôt agit comme un mordant sur l'auditoire, l'œil bleu et clair comme la pensée, le visage toujours calme, si bien que dans la limpidité de ce regard, on ne saisit aucun reflet du feu intérieur qui anime la parole; tel était, si je ne me montre, Montalembert à la tribune.

Une sorte de mirage lui faisait entrevoir le moyen-âge comme une époque « hérissée de libertés, » c'était son mot. Et de toutes ces libertés dont il croyait retrouver la source dans ce passé lointain, celle qu'il considérait comme la plus précieuse, je dirai presque comme le fondement de toutes les autres, c'était la liberté de l'Eglise. Une autre opinion non moins arrêtée l'attachait à la conservation des petits Etats que la fortune de la guerre ou la prudence des négociateurs avait maintenus disséminés sur la carte de l'Europe entre les grands empires; il croyait que l'existence de ces communautés séparées, servant de sauvegarde à la paix, garantissait aux nations le progrès et la prospérité; théorie contestable peut-être, qui ne saurait prévaloir contre les faits accomplis, mais qui a le mérite d'avoir été longtemps la politique de la France, adoptée, soutenue par des esprits très libres et des hommes d'Etat éminents. M. de Montalembert la professait hautement. C'est ce double courant d'idées qui l'a souvent entraîné dans un sens contraire à la direction suivie par plusieurs grands peuples de l'Europe. Il n'en est pas moins resté l'avocat des causes généreuses, le champion de l'indépendance des nations. Même lorsqu'on le croyait le plus opposé à ce mouvement italien dont il avait salué l'aurore, il avait des paroles de sympathie pour Venise (1), et il eût volontiers répété le vieux refrain : « Donnez une obole à la pauvre affligée de l'Adriatique; » jamais il n'a oublié la Pologne (2) ; il s'est toujours associé à la croisade contre l'esclavage, et dans un de ses derniers écrits il célébrait avec un enthousiasme lyrique la victoire des Etats-Unis d'Amérique, le triomphe des libres institutions dont l'origine se

(1) *Lettre à Cavour*. Octobre 1860. Œuvres, V.
(2) *Une Nation en deuil*. Œuvres, IX.

confond avec la dernière gloire de la vieille monarchie française (3).

La fermeté de ses croyances religieuses fortifiait la liberté de son esprit ; sa foi étant toujours hors de cause, il exprimait son sentiment avec une résolution qu'une certaine nuance de doute eût peut-être affaiblie chez un catholique moins sûr de lui-même. Je l'ai vu revenir de voyage tout rempli du spectacle que présentait l'Ecosse au moment où les presbytériens, séparés de leur Eglise d'Etat, couvrirent ce pays de nouveaux temples construits en quelques mois. Il louait l'effort que la ferveur avait arraché à ces calvinistes riches et d'habitude bons ménagers de leur argent ; mais c'était avec l'accent de l'admiration qu'il parlait de l'humble sacrifice accompli, chaque dimanche, par le pauvre et imprévoyant Irlandais, dont les sous accumulés ont élevé de magnifiques cathédrales. Toute conviction noble et sincère lui inspirait le respect, était louée par lui sans réserve. Toute persécution l'indignait, quelle que fût la victime, et quel que fût le bourreau. Il détestait la Saint-Barthélemy à l'égal des massacres de septembre. Il s'agenouillait devant le missionnaire catholique qui bravait, pour sa foi, le bûcher et la torture, et, répé-

(1) *La Victoire du Nord aux Etats-Unis.* Œuvres, IX.

tant une belle parole de Pierre de Blois, il saluait
le huguenot qui à la tyrannie résistait jusqu'au
sang. M'entretenant un jour avec lui des grands
évènements du xviᵉ siècle, je blâmais Coligny trop
prompt, selon moi, à commencer la guerre civile.
Pour toute réponse, Montalembert prit sur les
tablettes de la bibliothèque un volume de l'*Histoire
universelle* de d'Aubigné, et lut avec un accent
inimitable le récit antique de ce débat nocturne
entre l'amiral et sa femme, où l'homme, réveillé
par les sanglots de sa compagne, lui montre les
difficultés de la lutte contre les « possesseurs de
« cet Etat aux racines envieillies, » les périls certains, « la nudité, la faim sur la terre étrangère,
« la mort par le bourreau, l'ignominie des enfants
« infamés ; » où la femme, n'entendant que « ce cri
« des siens qui monte au ciel, » rappelle à son
époux que « l'épée de chevalier qu'il porte est pour
« arracher les affligés des ongles des tyrans. »
L'amiral entraîné monte à cheval au point du jour.
Avait-il tort, s'écriait Montalembert, « de croire
« qu'il deviendrait meurtrier de ceux qu'il n'em-
« pêcherait pas d'être meurtris ? »

Messieurs, l'heure s'écoule, et je vous ai à peine
indiqué quelques-unes des œuvres de M. de Montalembert. L'esquisse que je vous ai présentée est
bien incomplète. J'ai oublié des parties essentielles,

négligé plus d'un côté de cette figure supérieu-
rement originale, de cet esprit qui a tout embrassé,
de ce chercheur qui a tout fouillé. Mais vous devez
avoir hâte d'entendre ce maître que vous aimez
comme moi et qui me tenait sous le charme de sa
parole, même au temps où j'avais à l'écouter par
devoir. Je ne puis cependant m'asseoir sans vous
avoir dit un mot des *Moines d'Occident*, car c'est par
excellence le livre de votre illustre confrère ; il
l'avait commencé dès son adolescence, la mort l'a
frappé qu'il y travaillait encore.

Dans son premier essai, la *Vie de sainte Elisabeth*,
écrite quand il avait vingt-cinq ans et sous l'influence d'une vague mélancolie, il avait résumé la
poésie catholique de la souffrance et de l'amour.
Dans les *Moines*, œuvre longtemps méditée, fruit de
profondes études, il présente au lecteur un tableau
de la rénovation sociale du monde, un chapitre de
l'histoire de la civilisation, l'histoire de la civilisation elle-même, et il aurait pu prendre pour épi-
graphe ce jugement porté dans le *Journal des Savants*
par un de vos éminents confrères (1) : « Le grand
« agent du salut social aux v°, vi° et vii° siècles, ce
« fut l'Eglise. » Aussi a-t-il quitté cette fois
la forme attrayante, adaptée au goût du jour, les

(1) M. Littré.

procédés de nos vieux conteurs, les têtes de chapitre empruntées aux impressions de Vérard et
de Galiot du Pré. La haute intelligence et le jugement mûri par l'expérience mettent seuls en œuvre
les matériaux accumulés pour ce vaste travail.
Le présent n'est pas oublié, et l'allusion est souvent transparente ; le cœur aussi a sa part et ses
mouvements se traduisent, ici par un cri de sympathie pour les classes ouvrières et souffrantes,
là par une page admirable consacrée aux Sœurs de
Charité. Mais, dans l'ensemble et dans presque
tout le détail, c'est l'action civilisatrice de l'Eglise
qu'il constate, ce sont les origines de la liberté
qu'il recherche, et que peut-être il entrevoit à
travers un prisme grossissant. Il a le ton grave de
l'historien ; Tite-Live lui sert de modèle ; modèle
bien choisi, puisque le sujet effleure parfois la
légende, même lorsque l'auteur veut se maintenir
dans la sévérité de l'histoire. Il use d'ailleurs
sobrement de la légende ; il la choisit avec discernement, il ne la déguise pas et la présente avec un
caractère symbolique, celle-ci par exemple : Par-
courant un jour les environs de Subiaco, saint
Benoît rencontre un de ses frères, un barbare
converti, qui se lamentait au bord du lac où sa faux
venait de tomber. A la voix du saint, l'onde ramène
l'outil aux pieds du frère: « Ramasse ton fer, »

lui dit Benoît, « travaille et prends courage. *Ecce*
« *labora et noli contristari* (1). »

Ces mots ne vous rappellent-ils pas l'austère
parole de l'empereur Sévère (2) que vous répétait
ici même un grand, sage et vertueux citoyen, dont
le nom vous est doublement cher ? N'est-ce pas la
même pensée, présentée sous une forme plus douce,
moins stoïque et plus chrétienne ? C'est presque
une de ces devises que Montalembert aimait à ras-
sembler pour les semer dans ses livres, dans ses
lettres, en les variant sans cesse. Il en avait une
qui appartenait à sa famille ; je l'ai retrouvée sous
son vieux blason : « Ne espoir, ne peur. » Peur
est un mot qui n'avait pas de sens pour un cœur
tel que le sien ; l'espoir que ses aïeux lui défendaient, c'est l'ambition malsaine, la soif des honneurs mal acquis. Ce n'est pas ce noble sentiment
dont le christianisme a fait une vertu. Le courage de Montalembert n'avait rien de passif,
et son désintéressement n'excluait pas l'espérance.

Messieurs, à une époque de découragement, sous
un ciel sombre, au milieu de ce triste xv\u1d49 siècle,
âge de fer et de sang, qui n'était pas le temps
moderne, et qui n'était plus ce poétique moyen-

____

(1) *Les Moines,* III.
(2) *Laboremus.*

âge cher à M. de Montalembert, quand la croix disparaissait des rives du Bosphore, quand le roi de France, fou et détrôné, était remplacé dans Paris par un prince étranger, quand tous les fléaux, tous les genres de guerre dévastaient notre pays, aux temps de l'invasion anglaise, de la peste noire, des Jacques et des Grandes Compagnies, un de mes aïeux, un cadet de race royale, donna pour cri de ralliement à ses compagnons ce seul mot : Espérance! Montalembert aussi espéra toujours. Il n'a pas connu nos suprêmes douleurs. Ses derniers jours ont été agités par les inquiétudes qu'il éprouvait pour la paix de l'Eglise ; mais la fermeté de sa foi le rassurait ; il ne craignait rien pour l'unité catholique, et il est mort sans savoir que c'était l'unité de la patrie, qui, hélas! allait être frappée.

Nous allons voir maintenant par les citations suivantes tirées de son chef-d'œuvre, comment le Duc d'Aumale écrivait l'histoire :

La bataille de Seneffe.

De tous les champs de bataille, ceux de Belgique sont peut-être les plus méconnaissables. Nulle part on n'a défriché plus de bois ; l'ouverture de nombreux canaux, les progrès de la culture, ont assaini des prairies jadis marécageuses, diminué le volume, rétréci le lit de mainte rivière ou ruisseau, et adouci nombre de pentes jadis escarpées. Ainsi ont disparu ou se sont transformés une foule d'obstacles décrits par les historiens militaires et dont on a peine à retrouver la trace aujourd'hui. Cela est vrai, non seulement pour les champs de bataille du xviie siècle, mais encore pour ceux de 1815. Le Ligny n'est plus qu'un filet d'eau ; aux Quatre-Bras, où se maintint si longtemps la brigade du duc Bernard de Saxe-Weimar, et à Waterloo, les changements ne sont pas moindres ; où retrouver aujourd'hui le chemin creux d'Ohain et ce parapet naturel derrière

lequel les Gardes anglaises restèrent inébran-
lables? Dans les bassins houillers, la transformation
est encore plus absolue et le bouleversement complet ; partout des maisons, des puits, cheminées,
tranchées, monticules, voies ferrées en tous sens ;
à peine peut-on relever un indice de l'ancien état
des lieux. C'est le cas particulier de l'étrange
champ de bataille allongé où Français et alliés
se heurtèrent pendant quatorze heures, le 11 août
1674.

La journée du 10 tirait à sa fin, lorsque M. de
Souches, cédant aux instances de Guillaume, se
laissait arracher l'ordre de reprendre la marche
interrompue la veille. Aussitôt le *feldzeugmeister*
change d'attitude ; le voilà aussi pressé de mettre
ses troupes en route qu'il semblait résolu tout
à l'heure à ne pas troubler leur repos ; son parti
pris, il se hâte d'en finir avec ce défilé devant le
camp de M. le Prince ; d'ailleurs, puisqu'il faut
marcher, il tient à s'assurer de bons quartiers
et un logement tout prêt.

L'armée impériale a l'avant-garde ; son bagage
part dans la nuit sous escorte ; en tête marche
M. de Fariaux, major-général au service de la
Hollande, avec deux mille chevaux fournis par
les trois armées. Le *feldzungmeister* lui donne un
peu d'avance, puis s'achemine avec ses troupes.

C'est le bruit causé par cette mise en train qui avait tout d'abord attiré l'attention de Saint-Clas.

L'armée de Hollande suit celle de l'empereur, celle d'Espagne vient la troisième.

L'ordre est donné de marcher sur trois colonnes, la cavalerie à gauche du côté de la rivière, l'infanterie au centre, les voitures à droite le long ou au travers des bois. Haine-Saint-Pierre est le point de direction ; c'est là ou près de là qu'on campera, logera comme on pourra ; les maréchaux des logis sont partis et y pourvoiront.

La distance à franchir variait entre cinq et quatre lieues, suivant que les troupes quittaient des quartiers plus éloignés (Arquennes, par exemple) ou plus rapprochés de Haine-Saint-Pierre ; courte étape, bien longue à parcourir. Pour trois colonnes il n'y avait qu'une route, un seul « chemin royal, » qui, de Nivelles, allait rejoindre vers Binche une antique voie romaine, « la chaussée Brunehaut, » et, se bifurquant, conduisait à Mons ou à Landrecies.

Mons était l'objectif des alliés ; ils comptaient y aller en deux jours. C'est la colonne du centre qui tenait la route royale ; les deux autres devaient chercher leur passage dans de mauvais chemins ruraux ou au travers des prés et des boïs. A mesure qu'on s'éloignait du point de départ, les obstacles se multipliaient : marais, vergers, clôtures, villages aux étroites ruelles, puis des taillis touffus, chemins creux, pentes abruptes ; entre le prieuré de Saint-Nicolas et Fayt, le pays se rétrécissait beaucoup. Le premier corps d'armée était passé tant bien que mal ; mais les autres s'enchevêtraient, s'entassaient. Songez, que de monde ! que de voitures ! Soixante à soixante-dix mille combattants, dont le nombre était presque doublé par celui des charretiers, goujats, des femmes surtout, près de cent mille âmes.

A certains moments, on ne pouvait ni avancer, ni reculer, et l'encombrement paraissait irrémédiable ; aussi M. de Souches s'établissait-il déjà dans son logement de Haine-Saint-Pierre que la queue des convois était encore à cinq lieues en arrière.

Postée à hauteur et un peu au-dessus de Seneffe, fermant ce bourg aux traînards et aux voitures, l'arrière-garde attendait la fin du défilé pour prendre le même chemin. Comme la pointe d'avant-garde, elle se composait de détachements des trois armées, cinq mille chevaux, quelques centaines de dragons et trois régiments d'infanterie hollandais. Le prince de Vaudemont, qui la commande, lieutenant-général au service d'Espagne, n'est pas un inconnu pour les officiers français. On avait admiré à la cour son esprit brillant, sa haute mine ; il avait fait ses premières armes auprès de Condé, en 1668, en Franche-Comté et venait de combattre, en cette même année 1674, dans le même pays, mais de l'autre côté. . . .

Cette matinée du 11 août lui paraissait longue. Il était là, en face du pont de Seneffe, avant le jour ; ses dragons, sur l'autre rive, occupent un moulin, patrouillant dans les buissons ; les heures s'écoulent monotones ; pas un Français en vue.

Dès que Saint-Clas avait en quelque sorte éventé la présence et la marche de l'ennemi, il avait fait disparaître tous ses gens : grand'garde enfoncée dans un trou, vedettes très clairsemées, ne dépassant pas les crêtes, s'abritant derrière les murs, les troncs d'arbres. Avec le tact et la finesse d'un officier de troupes légères, Condé était entré aussitôt dans le jeu de son lieutenant ; il se cache à côté de lui sur le promontoire de Belle, et ne montrera pas plus son monde que l'autre ne laisse voir ses éclaireurs.

Les troupes qui, après leur sortie du camp, s'étaient rassemblées dans un pli de terrain près du château de Vanderbeke, vont serpenter dans les vallons pour se rendre aux points que M. le Prince leur fait assigner par les officiers généraux. Nulle précipitation ; les mouvements sont calculés

15

de telle sorte que tous arrivent à la fois, un peu avant dix heures, à leur poste de combat autour de Seneffe.

C'est là l'heure opportune : attaquée plus tard, l'arrière-garde ennemie trouverait les chemins déblayés, se mettrait peut-être à couvert; plus tôt, le gros de l'armée ne serait pas assez enfoncé dans [les défilés, pourrait tenter un retour offensif.

Quant à Saint-Clos, il va changer le rôle et repart avec ses cinq cents chevaux ; par les ravins, les bois, il pousse droit dans la direction de Marimont; il ira, s'il le faut, jusqu'à Binche : c'est l'avant-garde des confédérés qu'il cherche. A peine a-t-il pu la rejoindre du côté de Haine-Saint-Pierre qu'il se montre, se grossit, fait du bruit, engage l'escarmouche; M. de Fariaux, surpris, signale à M. de Souches l'apparition de l'ennemi dans une direction inattendue ; le *feldzeugmeister* veut y pourvoir, donne des ordres, remue du monde. Quand Saint-Clas disparaîtra, il aura fait perdre plusieurs heures à l'armée impériale.

Entre les enfants perdus et le gros des troupes, Choiseul, maréchal-de-camp, s'est arrêté à mi-chemin, au point culminant, à Notre-Dame-des-Sept-Douleurs, avec quelques cavaliers, des estafettes plutôt. Sa mission est de voir au loin, de prévenir, de relier le gros, les détachements, les enfants perdus.

A l'autre extrémité, dans la direction de Nivelles, Fourilles, avec huit cents chevaux, va chercher un gué pour traverser la Samme, qu'il franchit en face de Renissart. Il poussera les escadrons espagnols qui gardent la queue des bagages, culbutera les voitures et reviendra sur le flanc de M. de Vaudemont. Le mouvement est un peu large, mais sans péril dans la circonstance et d'un effet assuré.

Montal est chargé de l'attaque centrale. Près du hameau de Belle, derrière les dernières crètes, en face et assez près du pont de Seneffe, il range ses troupes, dragons de Rannes (Colonel-Général) et chevau-légers de Tilladet en première ligne, puis les Fusiliers du Roi avec leurs pièces, soutenus par sept bataillons d'infanterie. Un peu au-dessous du bourg, en suivant le fil de l'eau et en se glissant derrière la brigade Montal, M. le Prince fera passer la Samme aux deux mille chevaux de la Maison du Roi ; c'est avec un élan de joie martiale qu'il se met à la tête de cette cavalerie d'élite ; il sait ce qu'il peut attendre des soldats qui le suivent.

Cependant la sécurité de M. de Vaudemont a été troublée... un peu tardivement peut-être. Une de ses patrouilles, en fouillant les bosquets de la rive **droite**, a cru apercevoir quelques cavaliers qui se sont dérobés assez vite ; divers indices confirment cette rapide observation. Vaudemont s'apprêtait à renvoyer son infanterie ; il l'arrête, la ramène dans le bourg, rappelle les postes qu'il avait par delà l'eau, donne l'ordre de barrer ou de détruire le pont. Il n'en a pas le temps ; soudain il se trouve menacé, presque enveloppé de tous côtés.

Il est dix heures. Les dragons Colonel-Général débouchent au galop, par petits groupes, des gorges et des bosquets qui bordent la Samme, délogent à coups de carabine les dragons ennemis qui essaient de défendre le pont, se jettent à bas de leurs chevaux, démolissent rapidement un embryon de barricade, se saisissent des premières maisons de l'autre rive, ouvrent le passage à la brigade Tilladet. Nos cavaliers franchissent le pont, nettoient les jardins, culbutent tous les détachements qu'ils y rencontrent, et vont se rallier au nord-est de Seneffe, couvrant le débouché d'un second pont qui se trouve en aval et que vont franchir les escadrons de la Maison du Roi. L'infanterie hollandaise est rejetée dans les grosses maisons du bourg, essaie de s'y retrancher.

Déjà les Fusiliers du Roi ont passé la Samme et pris à gauche pour mettre leurs six pièces en batterie, couverts par un petit ruisseau qui coule dans un fond marécageux, parallèlement au lit de la rivière, et qui ne permet aucun mouvement tournant au sud de Seneffe ; c'est l'artillerie légère qui apparaît avec son allure leste. Les projectiles de petit calibre ne font guère d'effet sur les grosses murailles ; mais ils incommodent les défenseurs, balaient les ruelles. Quelques boulets vont plus loin, atteignent la cavalerie de bataille du prince de Vaudemont, qui s'établit à quelque distance à l'ouest du village.

Sous la protection de cette canonnade, de la mousqueterie des dragons et des évolutions de la brigade Tilladet, Montal forme son infanterie, qui a rapidement franchi le pont de Seneffe. Ses trois premiers bataillons sont disposés en éventail ; il commence aussitôt l'attaque et la conduit avec sa fougue ordinaire, embrassant tout le bourg, chassant devant lui les défenseurs et les poussant vers le centre, où ceux-ci s'enferment dans l'église. A ce point la résistance fut plus vive, mais bientôt terminée par l'entrée en ligne de deux bataillons de réserve : tout le village est emporté ; pas un des fantassins hollandais n'échappe ; tous tués ou prisonniers ; leur commandant, un cousin du stathouder, le prince Georges-Frédéric de Nassau, est blessé et pris en combattant vaillamment.....

..... Ce combat d'infanterie n'était pas terminé lorsque la Maison du Roi, profitant du pont qui traversait la Samme un peu en aval de Seneffe, débouche derrière les escadrons de la brigade Tilladet. Rochefort est en tête avec sa compagnie et celle de Noailles ; il est heureux et fier de faire « travailler » devant son prince et son général ces gardes du corps qu'il a choisis, formés, instruits avec tant de soin.

A peine a-t-il dépassé la droite de notre cavalerie légère qu'il découvre la grosse cavalerie des ennemis en bataille sur un terrain ondulé un peu au-dessus de Seneffe, en avant du château et des bois de Buisseret. M. de Vaudemont a rectifié sa position pour soustraire ses cavaliers au feu de l'artillerie française. Trois escadrons se détachent et font face à Rochefort, mille chevaux contre cinq cents ! Encore l'ennemi aurait-il pu engager plus de monde sans les chemins creux qui coupaient et limitaient le terrain. Rochefort n'attend pas le choc et charge sans compter ; la mêlée fut chaude ; mais l'avantage allait rester au nombre, lorsque M. le Prince déploie sur la droite les autres compagnies des Gardes du corps et les chevau-légers de la Garde, sans attendre les Gendarmes et les Cuirassiers, qui arrivent à la file et resteront en réserve. Vaudemont engage aussitôt les deux

tiers de son monde; environ trois mille de ses
cavaliers sont aux prises avec deux mille Français ;
mais l'élan donné par M. le Prince est irrésistible ;
tout plie devant lui; les gros escadrons des confédérés sont renversés les uns sur les autres.
Le prince lorrain a encore l'avantage du nombre ;
il court à sa troisième ligne pour faire charger
ses escadrons frais pendant que les Gardes du corps
se remettent en ordre et avant que les Gendarmes
arrivent. A ce moment, Fourilles, qui achevait
son mouvement tournant et venait de défaire l'escorte des voitures, se présente sur le flanc des
escadrons ennemis : ce fut décisif. Tous ces cavaliers de diverses nations, se sentant peu soutenus,
mal encadrés, se méfiant les uns des autres, ne
veulent ni charger, ni attendre le choc, et tournent
bride au galop dans la direction qu'avait prise le
gros de l'armée alliée ; ils abandonnent leurs colo-
nels, et nombre de prisonniers parmi lesquels le
duc de Holstein, le comte de Salms et plusieurs
autres personnages de marque, la plupart blessés.
Blessé aussi, le prince de Vaudemont, qui a été
entraîné dans la déroute. . . . . . . , . . .

. . . .

Le succès est éclatant. L'arrière-garde des confédérés, ce gros détachement de plus de huit mille
hommes d'élite, est absolument anéantie ; tous les

trophées de guerre, drapeaux, étendards, timbales, sont aux mains des Français ; les survivants sont des prisonniers, ou des fuyards qu'on ne ralliera plus.

Ce premier engagement a duré une heure et demie ; c'est celui qui a gardé plus particulièrement le nom de combat de Seneffe.

Combat de Fayt.

La nature des lieux, la variété des combats livrés depuis le matin, les derniers incidents avaient troublé l'ordre de bataille des Français, et réparti l'armée en deux colonnes ou plutôt deux groupes de colonnes de force très inégale. A droite, au nord-ouest du prieuré, au milieu des bois, des vergers et des houblonnières, au-delà du chemin dit de Bruxelles, M. de Luxembourg conduit les troupes qui ont enlevé le bagage des Hollandais et dissipé l'escorte. Sur le « chemin royal » et le long de ce chemin, plusieurs colonnes, quittant le prieuré, s'avancent vers Fayt. M. le Prince fait son déploiement en marchant ; il veut pousser l'ennemi sans lui laisser le temps de souffler, sans attendre ce complément d'infanterie qui ne peut arriver avant le soir. . . . .

Pendant que Luxembourg presse son mouvement tournant, Condé enveloppe le village avec presque toute son infanterie formée sur deux lignes. L'engagement fut long et très chaud. La seconde ligne tout entière remplit les intervalles de la première. A droite, les trois bataillons des Gardes françaises, soutenus par les Gardes suisses, avancent dans un ordre admirable. Vigoureusement et habilement conduit par le brigadier Rubentel, ce « superbe » régiment gagne assez de terrain au prix de pertes cruelles; sept capitaines, nombre d'officiers et de soldats étaient sur le carreau. . . . .

..... L'attaque de front ne pouvait réussir que secondée par le mouvement tournant; c'est ce que tentait M. de Luxembourg avec l'aile droite. Il fit commencer l'opération par les Gardes du corps, nettoya les abords du bois d'Haine, puis, rabattant à gauche, rejoignit son gros (régiment de Picardie, Dragons, Cuirassiers du Roi) et attaqua les troupes qui cherchaient à prolonger vers l'ouest la ligne de bataille des ennemis. Lui-même, se jetant à la tête de Picardie, fait un véritable trou dans les masses qui veulent l'envelopper; sa cavalerie s'y élance, charge, culbute plusieurs bataillons et s'empare du canon. Le château de l'Escaille a été enlevé, les bois, la haie de Rœulx traversés, la ravine franchie.

M. le Prince, avec les Gardes suisses et quelque cavalerie retirée du centre, marche vers sa droite pour soutenir ou plutôt pour relever son lieutenant ; car Condé a dû prescrire à celui-ci de faire face à droite pour arrêter un parti de troupes alliées, qui, par un circuit au travers du bois d'Haine, cherchait à gagner les derrières de l'armée française. Luxembourg remporte là un nouvel avantage ; le corps tournant n'a pas le temps de se former ; il est chargé, dispersé ; ses débris se retirent en désordre dans la direction de Braine-le-Comte. Le vainqueur abandonne la poursuite pour revenir par le château de l'Escaille à sa place de bataille et reprendre l'attaque qu'il avait momentanément suspendue ; il trouve la situation changée. Pressée par des forces supérieures, la cavalerie (Maison du Roi) qu'il avait laissée comme un rideau pour jalonner la position, a dû repasser la ravine ; elle reste en bataille sur l'autre bord, fusillée, mitraillée par une brigade de l'armée impériale, que conduit un Français, le comte de Chavagnac. On était si près les uns des autres que celui-ci entendait les officiers français dire à leurs hommes décimés par les balles : « Ce n'est rien, enfants. Serrez, serrez ! »

Survient M. le Prince ; il donne aussitôt avec les Cuirassiers du Roi et Mestre-de-camp-général, qui poussent jusqu'au canon et le reprennent ; mais ils ne peuvent se maintenir au milieu de l'infanterie. La cavalerie impériale leur donne la conduite. On emporte le comte de Broglio de Revel, mestre-de-camp des Cuirassiers du Roi, blessé d'un coup de mousqueton. Le duc d'Anguien aussi a reçu deux fortes coutusions. Inquiet pour son fils, M. le Prince s'approche ; un biscaïen brise les deux jambes de derrière de son cheval ; c'est le troisième qui tombe mort sous lui depuis le matin. « Sauvez-vous, Monseigneur ! » lui crie son écuyer en voyant fondre les escadrons ennemis. — « Et comment faire avec mes jambes infirmes ? » répondit-il, tout prêt à rire de sa mésaventure. L'écuyer disparaît avec les chevaux. Le grand Condé se tapit au milieu des flaques d'eau sous un buisson. Le flot passe et recule. On relève le héros tout mouillé, on le remonte ; une fois en selle, il se retrouve calme, et reprend sa place au milieu des troupes (1). »

(1) *Histoire des Princes de Condé*, tome VII, chapitre VII. Paris, Calmann-Lévy, 1896.

MUSÉE CONDÉ

AU CHATEAU DE CHANTILLY

L'Institut a ouvert cette année, au château de Chantilly, le Musée Condé. Deux fois par semaine, les incomparables collections que le duc d'Aumale a léguées à la France, sont mises sous les yeux du public.

Voici quelques détails officiels au sujet de la valeur et de l'intérêt de ces collections :

« Une note fort intéressante présentée par un des exécuteurs testamentaires, M. Limbourg, rédigée (il l'indique lui-même) par M. Macon, conservateur adjoint du Musée Condé, donne un état approximatif de la valeur des livres, manuscrits, tableaux, objets d'art acquis depuis 1886. Elle est de 1,470,404 francs. Mais il faudrait rechercher aussi la valeur des objets qui existaient au moment de la donation de 1886 et n'ont pas pu être compris dans l'inventaire.

Le chiffre estimatif, donné dans l'inventaire de 1886, était de 8 millions. D'après la note de

M. Macon, le chiffre total actuel des collections réunies à Chantilly peut être porté à 15 millions.

La bibliothèque seule entre dans ce chiffre pour 5 millions ; elle se compose de 13,000 volumes précieux à divers titres, y compris 1,400 manuscrits, et de 15,000 volumes de lecture et de travail, au total 28,000 volumes.

Il est plus difficile d'évaluer les archives si riches du château, cabinet des lettres, trésor des chartes, cabinet des registres, cabinet des plans.

La galerie de tableaux se compose de plus de 500 toiles. Il faut y joindre 689 dessins de maîtres divers, une collection de 580 portraits dessinés, dont plus de 400 du xvi⁰ siècle, une collection de 500 portraits à l'aquarelle par Carmontelle, galerie de la société du xviii⁰ siècle, 600 portraits et dessins de Raffet, une collection d'estampes de 3,000 pièces, dont beaucoup sont de premier choix.

Tel est, si on y joint encore les sculptures, les collections de monnaies et de médailles, les meubles rares et les tapisseries, le relevé des richesses artistiques que renferme Chantilly, et dont l'Institut est aujourd'hui le propriétaire, grâce à la libéralité royale de celui qui fut un des plus grands des Fils de France.

TABLE DES MATIÈRES

Pages.

Avant-propos 5

CHAPITRE PREMIER

La dernière Monarchie française 7

CHAPITRE II

Le Duc d'Aumale. — Henri-Eugène-Philippe-Louis d'Orléans.
— Son enfance et sa jeunesse 19

EN AFRIQUE

CHAPITRE III

Le Soldat. — Premiers succès du duc d'Aumale. — Son
retour en France. — Attentat contre sa vie 61

CHAPITRE IV

Retour du duc d'Aumale en Afrique. — Continuation de ses
opérations militaires. — La *Smala*. — Grande victoire
remportée sur Abd-el-Kader. — Le duc d'Aumale, gouverneur général de l'Algérie. — Son départ pour l'exil à
la Révolution de Février 91

EN ANGLETERRE

CHAPITRE V

L'Homme. — Le duc d'Aumale se livre à l'étude. — Il compose différents ouvrages — Ses deuils cruels. — Comment il les supporte 125

EN FRANCE

CHAPITRE VI

Retour en France. — Le duc d'Aumale pendant la Commune. — Le procès de Bazaine. — Le Prince à l'Académie française. — Retrait d'emploi. — Lettre du Duc à ce sujet. — Donation royale. — Une journée à Chantilly. — Piquante anecdote. — Dernières occupations du Duc d'Aumale. 139

CHAPITRE VII

MORT DU DUC D'AUMALE. — Ses Funérailles 167

CHAPITRE VIII

LE CHRÉTIEN. 183

CONCLUSION 191

APPENDICE 193

Musée Condé au château de Chantilly 237

Abbeville C. Paillart, imprimeur-éditeur.